国家出版基金项目
NATIONAL PUBLICATION FOUNDATION

数字货币
数字时代货币新形态

尹志超 余颖丰 等著

国家行政学院出版社
NATIONAL ACADEMY OF GOVERNANCE PRESS
·北京·

图书在版编目（CIP）数据

数字货币：数字时代货币新形态／尹志超等著. 北京：国家行政学院出版社，2025.3. --（"数字经济与高质量发展"丛书／孙世芳，许正中主编）. -- ISBN 978-7-5150-2882-8

Ⅰ. F713.361.3

中国国家版本馆 CIP 数据核字第 202412BL20 号

书　　名	数字货币：数字时代货币新形态
	SHUZI HUOBI：SHUZI SHIDAI HUOBI XINXINGTAI
作　　者	尹志超　余颖丰　等 著
统筹策划	王　莹
责任编辑	王　莹　孔令慧
责任校对	许海利
责任印制	吴　霞
出版发行	国家行政学院出版社
	（北京市海淀区长春桥路6号　100089）
综 合 办	（010）68928887
发 行 部	（010）68928870
经　　销	新华书店
印　　刷	北京盛通印刷股份有限公司
版　　次	2025年3月北京第1版
印　　次	2025年3月北京第1次印刷
开　　本	170毫米×240毫米　16开
印　　张	13.5
字　　数	156千字
定　　价	52.00元

本书如有印装问题，可联系调换，联系电话：（010）68929022

TOTAL ORDER ▶ 总序

当前和今后一个时期是我国以中国式现代化全面推进强国建设、民族复兴伟业的关键时期，高质量发展是全面建设社会主义现代化国家的首要任务。实现高质量发展就必须塑造发展新动能、新优势，加快发展数字经济是其核心内容。党的二十届三中全会明确指出，健全因地制宜发展新质生产力体制机制，健全促进实体经济和数字经济深度融合制度等，进一步为数字经济发展指明了方向。

随着新一轮科技革命和产业变革加速演进，我国经济社会各个方面正发生着"数字蝶变"。数字经济与实体经济深度融合不断改变着我们的生产生活方式，重组资源结构、重构经济社会发展格局，并从更深层次上推动"认知革命"。随着数字要素创造的价值在国民经济中所占的比重进一步扩大，数字经济成为世界经济增长新的动力源，也已成为我国经济高质量发展的强劲引擎。

数字产业化、产业数字化加快产业模式和经济组织形态变革，信息技术的快速迭代不断驱动优化产业生态，先进制造业集群发展壮大，呈现出制造业向高端化、智能化、绿色化发展的态势。数字经济不断催生平台消费新业态，在激活国内外消费市场、带动扩大就业等方面发挥了重要作用，也成为我国经济发展的新场景。数字化治理高效助推数字政府建设。近年来，我国政府以"互联网＋政务服务"为抓手的数字化治理模式加快推进，数字政府成为提升治理能力现代化的重要方式。在区域经济中，数字城市极大改变了城市经济社会的方方面面，给城市空间带来革命性变革。

数据作为经济要素，为经济理论研究提出了崭新的研究课题，如何高效配置数据资源、培育全国一体化数据市场成为当前经济工作的一项重要任务。在数据驱动力不断提升的背景下，我们需要重新审视生产效率、生产要素配置乃至企业边界等经济话题，重构高效满足个性化、精细化、多样化的市场需求的数字底座。同时，数据产权、数据跨境、数据标准也成为需要深入研究的话题。

夯实数字基础，需要加快数字新基建的进程。只有提升数据海量储存、高速传输、安全保障等方面的能力，才能释放数字综合创新价值的乘数效应，为全面建成社会主义现代化强国奠定数字基础。

本丛书就是在数字经济发展日新月异的大背景下，为进一步提升全社会特别是广大基层干部及企业负责人群体的数字经济意识，不断增强数字经济的本领，组织专家撰写的一套数字经济理论通俗读本。本丛书重点围绕我国经济社会发展的大背景和数字经济发展的热点和前沿问题进行剖析，力求深入浅出，解疑释惑，服务于读者的需求。

本丛书编写组

TOTAL ORDER ▶ 前言

我国"十四五"规划明确提出,要加快数字化发展,建设数字中国,并对加快建设数字经济、数字社会和数字政府作出了具体部署。随着数字时代的到来,数字技术的迅速发展和普及,货币也逐渐演化出其数字化的新形态——数字货币。

为响应这一时代发展潮流、服务国家战略使命,同时紧贴我国数字经济发展的趋势,本书意在探讨数字货币的核心概念、基本知识与应用实践。

由于受知识结构和研究能力所限,本书只就其主要方面进行初步探讨。

本书由首都经济贸易大学金融学院组织专家完成,由尹志超教授领衔撰写,李雪、刘威仪、马思超、彭道菊、田歌然、王姝勋、徐瑞峰、杨李正博、喻筱珺、余颖丰(按姓氏拼音排序)参与撰稿,张安博士参与校对。具体分工如下:第一、八章由尹志超、余颖丰执笔;第二、三章由尹志超、余颖丰、李雪、徐瑞峰执笔;第四章由余颖丰、尹志超执笔；第五章由马思超、余颖丰、刘威仪、徐瑞峰执笔；第六章由彭道菊、田歌然、余颖丰执笔；第七章由王姝勋、杨李正博、喻筱珺、余颖丰执笔。

目录

CONTENTS

第一章　故事的起点是"货币" / 001
    一、从认识货币开始 / 002
    二、数字信息技术带来数字经济新形态与新思潮 / 003
    三、伟大时代的"经济新语言" / 006

第二章　开启数字货币之旅 / 011
    一、央行数字货币：数字货币的唯一"真身" / 012
    二、各国央行的数字货币实践 / 014
    三、主要国际组织如何看待数字货币 / 016
    四、技术揭秘：数字货币与数字"新经济"背后的魔法 / 018
    五、数字货币的监管之道 / 023

第三章　区块链技术与虚拟数字资产 / 039
    一、从区块链的发展说起 / 040
    二、从传统货币到数字货币 / 044
    三、有缺陷的尝试 / 046
    四、区块链相关技术的安全问题 / 048

第四章　新兴技术与数字货币正在加速融合　/ 051

一、人工智能与数字货币　/ 052

二、量子技术与数字货币　/ 063

三、Web3.0与数字货币　/ 070

四、元宇宙与数字货币　/ 079

第五章　数字货币的奇妙应用　/ 089

一、数字货币为金融业发展提供新思路　/ 090

二、数字货币为宏观经济调控提供新手段　/ 096

三、数字货币支付的机遇与挑战　/ 103

四、数字货币为跨境商务提供新渠道　/ 108

第六章　各国央行数字货币　/ 111

一、央行数字货币：全球视野下的探索　/ 112

二、揭秘央行数字货币的运行机制　/ 114

三、央行数字货币技术路线：零售还是批发　/ 124

四、各国央行数字货币监管制度对比　/ 132

第七章　揭开数字人民币的面纱　/ 141

一、数字人民币的关键概念　/ 142

二、数字人民币的应用大观园　/ 154

三、数字人民币：舞动社会经济发展的新旋律　/ 166

第八章　数字货币的未来与发展展望　/ 193

一、虚拟数字资产需接受强监管　/ 194

二、数字货币的未来之旅　/ 202

第一章

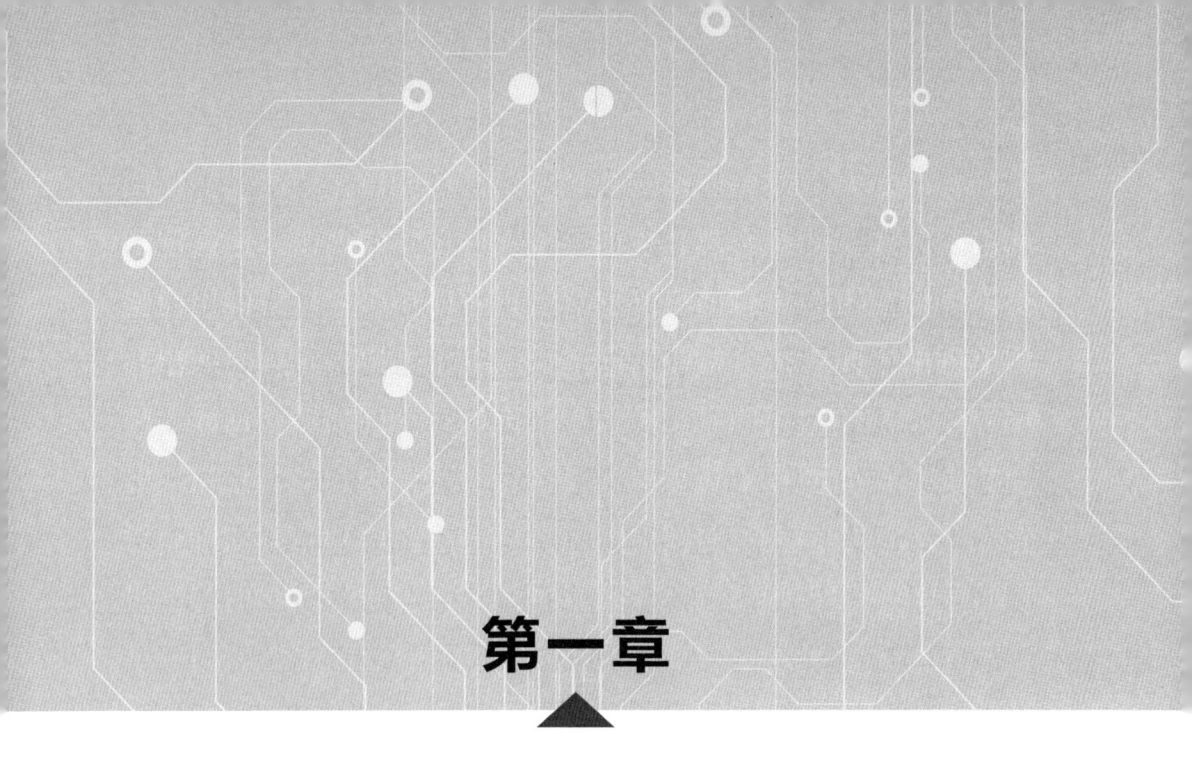

故事的起点是"货币"

一、从认识货币开始

"货币",与我们息息相关,但其知识和概念对大多数人而言既熟悉又陌生。

"货币"所涉及的知识不仅丰富,还非常神奇。它是如此的古老,因为自有人类文明以来,货币这一概念就已出现。一般而言,人类对古老的概念往往了解得深入而透彻,但是唯独"货币"这个概念却让人头痛不已。

我们从货币的基本职能说起,为何它如此让人琢磨不透。无论是马克思主义政治经济学还是西方经济学,皆认为货币具有价值尺度、流通手段、贮藏手段、支付工具的四大基本职能。以上定性的描述,对理解什么是货币,并没有任何困难。然而,真正困扰经济学家、货币学家的是如何具体、准确地定义这些职能所涉及的每个概念,并精准地界定这些抽象概念的边界。

也就是说,我们对有些概念非常容易形成共识,比如你我都认为彼此知道"什么是货币",我们甚至觉得这是不言自明的,无需解释。但实际上,我们并不真的清楚"什么是货币"。通过这种共识,我们在交流上没有障碍。但这种概念上的共识,与我们在实际物理世界中对这个概念进行精准测量、定价、定量,有很大的差距。有句古话叫"知易行难",即知道、理解某个概念,不代表能具体、精准地把控这个概念,并让这个概念从你的思想世界准确走入真实物理世界,当然甚至你都可能根本做不到认知和行为上的统一。

长久以来，对每个人而言，即使是该领域的专家，其实对"货币"这一概念也是既熟悉又陌生。说它熟悉，是因为我们每天都在使用它，说它陌生是因为它细枝末节的经济学概念时至今日都困扰着学者和专家。

"货币"是一个极抽象的概念。人类并不害怕研究抽象的概念，最害怕的是，无法对抽象概念进行精准的信息提取和信息归纳。

二、数字信息技术带来数字经济新形态与新思潮

从货币发展的历史来看，货币可以分为足值货币、表征货币、信用货币和电子货币等不同类型，体现了货币从实物到抽象的演变过程，每个阶段都适应了当时社会经济发展的需要。

人类进入数字经济时代，"货币"这一概念也注定经历从具体到数字化的过程，货币的数字形态的出现是一种历史的必然。

互联网的诞生是人类历史上的一件大事，人类开始进入数字经济时代。过去十几年，移动互联、社交网络、电子商务等快速发展，极大拓展了全球互联网的内涵和外延。得益于信息科学的理论与技术的成熟，大量抽象概念得以具象化，并可通过特定的算法、模型或硬件设备进行量化。

言归正传，受益于数字经济时代发展的红利，我们可以获得很多以往无法获得的数据，有机会对一些原本抽象的事物，在其全生命周期内，通过数据进行观测。数据是信息的主要载体。在数字经济时代，一个客户将钱存进银行，这个事件通过计算机系统记录了，所有社会经济行为都被信息系统记

录。假设客户的一笔货币财富是我们研究的主体，那么这个主体从被银行系统记录的那一刻起，它的全生命周期行为都可以被跟踪。这些痕迹可以被记录，数据被汇集、集中分析，再依托特定的算法、模型，对其内在属性进行研究。这也是对主体的核心信息归纳和提取的过程。最终，涉及货币的大量数据信息被汇总、提纯和蒸馏，与货币在教科书中的概念一一对应。只要能建立起一一对应的关系，原则上我们可以对"货币"概念的内涵和外延进行定量切割，甚至对货币的价值尺度、流通手段、贮藏手段、支付工具这些概念进行准确的定量区分。

货币是人类最伟大的发明之一，它让人类从荒蛮进入文明，因为货币是人类建立起的一种超大规模的社会共识。在数字经济时代，我们或许正经历另一场更为伟大的社会文明共识实践，我们手握更为先进的科技工具，正克服过去无法克服的困难，为古老的货币学问题提出全新的解决方案。是时候让"数字货币"这一概念登场了。

第一，货币涉及的数据信息流动在各个信息技术设施之上。在数字经济时代，我们对数据的收集、存储、复制、传输等流程，可以做到数据全生命周期追踪。只要我们可以做到对货币数据的全生命周期进行可溯源性管理，则可以开启"天方夜谭式"的实践之路。

第二，传统的银行金融体系，采取多层级、中央集中模式，导致金融数据信息在不同金融机构间具有信息不对称性，有些机构天生具有信息垄断性。那么是否能利用新的信息技术，构建出和以往完全不一样的货币与金融数据分布体系？是否能从"集中式"变为"分布式"？在这些创新理念驱使下，分布式记账的概念出现了，最终诞生了区块链这一概念。

第三，记账模式的改变，数据信息的平权化、去中心化、去垄断化，使人人都可以获得账本数据，但又要防止看到非本人的数据，于是加密技术必须为这种新的记账模式保驾护航，数学、模型、算法开始登上改造货币发展的历史舞台。

第四，中心集权化记账模式是人类社会自然演进的结果，极难被改变。但随着区块链的出现，传统记账模式确实遇到了极大挑战。过去人们认为，传统记账模式是不可被挑战的，但分布式记账模式的引入让研究者意识到信息技术设施的拓扑结构（包括算法）的改变，会改变数据信息流的产生和记录方向，导致信息流质量和流动方向的改变，从而可能诞生新的记账模式，并对现有记账体系带来冲击。经济学非常关注研究合约理论，该理论本质上涉及信息经济学。资产和商品都与合约密不可分，因此，货币、记账、合约、资产这些原本抽象的概念，在信息的大框架下开始聚合。

当技术进步积累到一定程度，就会由量变引起质变，孕育出新事物。"聪明的大脑们"突然意识到，在可行的技术驱动下，经济学原理已如此成熟（只是从前技术没跟上），结合可行的算法和模型，过去在经济学教科书里晦涩的概念都可以被可量化的模型、可算法化的代码清晰真实地实现。于是智能合约、可编程数字资产、多边央行数字货币桥（mBridge，简称货币桥）等新的概念开始诞生。甚至在2017年前后，美国一些企业（如脸书，现已改名为Meta）将"面向（智能）合约编程"概念持续现实落地，出现了专门的、针对面向智能合约的编程语言。

三、伟大时代的"经济新语言"

正如目前一本畅销书所言,伟大,极难被计划,也极难被预测,甚至在其未完全成熟前,十分难以描述。这种描述的困难可能首先来自于伟大的事物在出现的前期,具有极强的复杂性。这种复杂性根植于其内在,受制于人类语言表述的局限。如要诠释清楚伟大之物的复杂性,我们或许需要为其发明一套完整的数理理论,或设计专门的软硬件设备。

在历史上,学者为了诠释复杂事物的加合特性,引入了积分的概念;为了研究事物的变化,引入了导数的概念;为了避免人们对积分、导数的概念有误解,专门引入了"∫"和"d"等符号。

简而言之,我们极难对一个正在快速发展、高速迭代的概念或事物,就其内涵与外延,作出准确的预判和诠释。任何时候,对其匆忙地下定义都是不客观的,也未必全面,并且容易在不远的将来被后来者诟病。伟大,极难被计划和预测。任何仅凭人类文字语言,结合简单的图表,就试图对伟大事物进行准确介绍或诠释的工作,注定容易吃力不讨好。

本书围绕数字货币展开写作,"数字货币"这一概念或新事物,正处在自身快速成长、高速迭代的"朝阳期"。我们面对一个快速发展、高速迭代的概念或事物展开研究,具有极大挑战性,因为其内涵和外延边界的模糊性,导致它容易与当下若干热门话题发生耦合和关联,既发生同构,又发生异构。如果概念发生新的延伸,就又需要科研人员重新定义、重新诠释。

综观过去十余年数字货币领域的发展,"数字货币"这一概念的内涵和外延在不断变化。其发展也经历了野蛮成长,再到逐步走上正轨的复杂历程。在这一过程中,数字货币也曾有走向"邪路歪路"的趋势,直到有魄力的政府或国际组织、有良知的学者的出现,他们积极献计献策,取其精华,去其糟粕,逐步拨乱反正。

2008年,网上一个匿名人士提出比特币概念,而区块链技术这一概念也开始进入大众视野。但是大众在很长一段时间内,以为比特币就是数字货币。这一观点在当下主流视角下不被认可。目前,央行发行的数字货币才被更多人认为是真正意义上的"数字化的法币"。这就是人工智能领域的专家口中所谓的"概念漂移"。[①] 2013年我国央行等五部委联合发布《关于防范比特币风险的通知》明确指出,比特币具有没有集中发行方、总量有限、使用不受地域限制和匿名性等四个主要特点。虽然比特币被称为"货币",但由于其不是由货币当局发行,不具有法偿性与强制性等货币属性,并不是真正意义的货币。从性质上看,比特币应当是一种特定的虚拟商品,不具有与货币等同的法律地位,不能且不应作为货币在市场上流通使用。

区块链技术在我国被认为是合法的,而且我国也支持、鼓励从事区块链技术的研发。站在区块链被创立之初的那个时间点,绝大多数人没有预料到后来智能合约、面向合约编程、可

[①] 参见阿斯顿·张、李沐、扎卡里·C. 立顿等《动手学深度学习》,人民邮电出版社2019年版。

编译型货币、央行数字货币等的出现,这就是"概念扩散"或"知识扩散"。[①]

即使在当下,央行数字货币的技术选型和监管仍存有大量问题,没有标准答案,即使各界群策群力也未必能完全解决。在本书成稿时,若干核心问题仍未寻找到最优解决方案。同时,当下我们正处于世界百年未有之大变局,科技日新月异,生成式大模型、高性能人工智能芯片、异构式计算机架构、量子技术(尤其是量子加密、量子计算技术)、元宇宙技术,如何影响数字货币的发展也都是难以计划和预测的。

数学领域有一个研究分支,被称为"群论"(Group Theory)。群的一个重要特性是:群的任意两个元素之间进行二元运算得到的新元素,仍然是该群的元素。这种特性被称为群的封闭性(closure)。在写作本书时,我们也借鉴了群的这种具有封闭特性的哲学逻辑。我们或许无法对数字货币作出绝对准确的定义或研究,这受限于它的复杂性,以及伟大事物自身的难以预测特性。但我们仍然尽最大努力,致力于还原数字货币的完整面貌,并在当下对其发展状态进行系统性阐述,将研究成果呈现给读者。

我们希望读者在若干年后阅读本书时,发现即使时光流逝,本书所涉及的关于数字货币及其相关问题的讨论仍然在本书的"群"范畴内体现其封闭性。因此,本书将尽力展示和诠释数字货币的内涵与外延。我们在章节布局上作了精心设计。全书共八章,前五章主要诠释数字货币、数字资产(虚拟商

[①] Morone P., Taylor R. *Knowledge diffusion and innovation: Modelling complex entrepreneurial behaviours*. Edward Elgar Publishing (2010).

品）的缘起、基本内涵，以及区块链等数字技术基础，第六章至第七章主要介绍各国央行数字货币和数字人民币应用现状。第八章为本书结语，我们将总结数字货币面临的挑战，并对其发展前景进行展望。

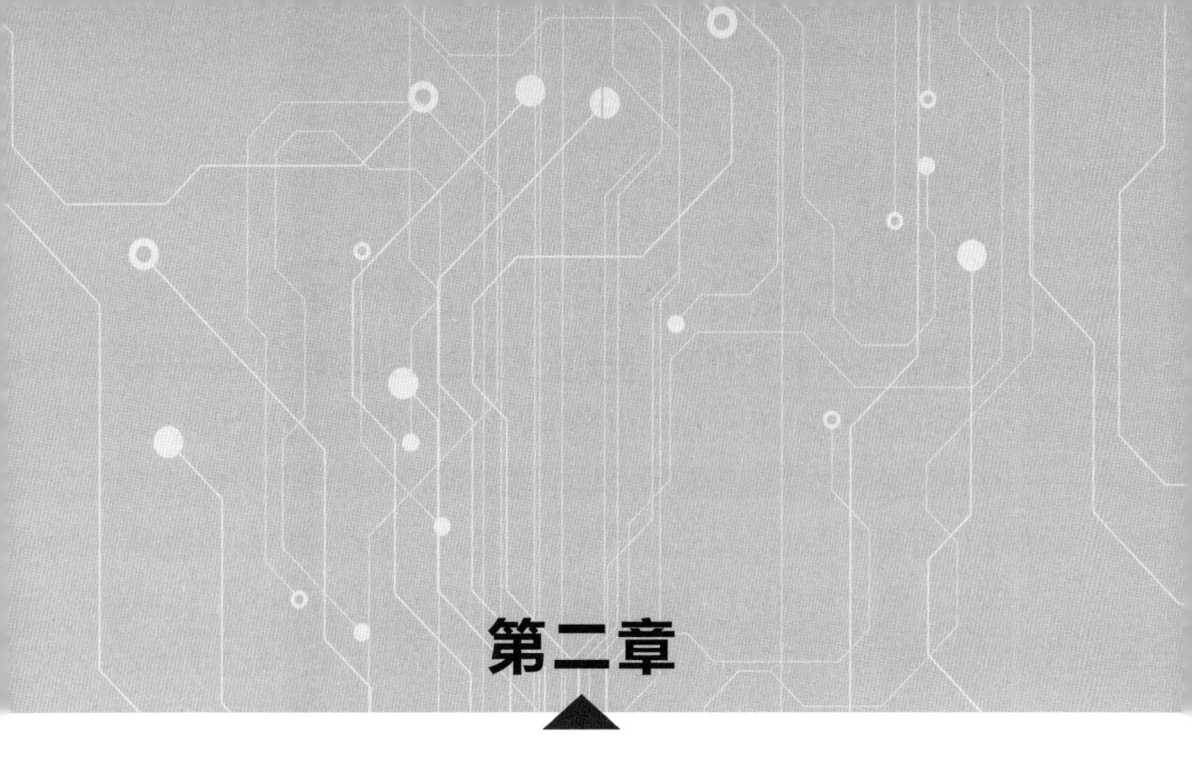

第二章
开启数字货币之旅

一、央行数字货币：数字货币的唯一"真身"

货币作为经济系统的底座，在人类已经进入数字经济时代后，其与这个时代相匹配的数字形态，也应出现。这个时代的一个特征是：技术推动新的经济形态出现，而监管却不能迅速跟上。根据马克思主义政治经济学的观点，生产力的新兴技术出现了，与之相适应的生产关系也需要进行对应的调整。这些新的生成关系中，就包括监管部门与相关企业、机构之间的互动协作关系。在新经济背景下，监管部门需要调整监管策略，既要支持发展新经济形态，但是也不能坐视新经济形态中的不良苗头野蛮生长而不管，更不能允许别有用心的机构或个体打着新经济形态的旗号，借助所谓的"新概念"进行炒作，设立虚假投融资项目，违法乱纪，坑蒙消费者，扰乱经济金融市场秩序。2008年前后，互联网上出现区块链技术、共识机制、分布式账本等新兴技术簇群，在多种因素的合力作用下，号称"货币"的数字新形态开始出现，其中的代表有比特币、以太币等。这些合力甚至一再声称传统货币银行学已经过时，因为传统的货币学是基于中心化为假设。国外学者中也不乏支持这种观点的人，直到当下也大有人在。国外一些国家或地区，以及一些机构有提倡甚至支持比特币、以太币等"数字货币"的现象，但在实际发展过程中，各国政府或地区通过大量深刻教训，逐步认识到这类"数字货币"并不是货币，而更应将其视为特定虚拟商品（本书将其称为数字资产或虚拟数字资产），它们有较高的投机风险、洗钱风险，极易被违法犯罪分子或组织利用。

传统经济学、传统货币银行学并不过时，即使在出现了完全不一样的技术面前，我们还是需要重回初心，固本培元，利用经济学原理的基本常识来审视数字经济新形态，并确立监管的基本逻辑，平衡创新发展与审慎监管的关系。

　　在引导数字货币健康发展的道路上，我国较早展现出了大国担当。在其他国家或地区还对数字货币的界定犹豫不决时，我国在该领域积极作为，取其精华、去其糟粕，从保护人民财产安全的角度，从维护经济金融政策秩序的角度，将可能的风险处置前置，"管早管小"。2013年，我国央行等五部委发布《关于防范比特币风险的通知》。2014年，我国央行成立法定数字货币研究小组，开始对发行框架、关键技术、发行流通环境及相关国际经验等进行专项研究。2016年，我国央行牵头成立数字货币研究所，完成法定数字货币第一代原型系统搭建。2017年底，经国务院批准，人民银行开始组织商业机构共同开展法定数字货币（以下简称"数字人民币"，字母缩写按照国际使用惯例暂定为"e-CNY"）研发试验。此外，2021年，央行等多部委再次强调虚拟货币交易的风险，出台《关于进一步防范和处置虚拟货币交易炒作风险的通知》。

　　简而言之，央行发行的数字货币才具有法币的属性，央行数字货币才是数字货币的"真身"。截至2024年6月底，数字人民币累计交易金额达7万亿元，数字人民币已经在17个省（自治区、直辖市）开展试点，在批发零售、餐饮文旅、教育医疗等领域持续探索，形成了一批涵盖线上线下、可复制可推广的应用方案，在拉动居民消费、推动绿色转型、优化营商环境等方面发挥了积极作用。截至2024年6月，我国央行经过6

年多的研发、4年多的试点,①已经初步验证了数字人民币在理论业务和技术上的可行性和可靠性,也力图使之与数字经济实现更好的兼容性。

截至目前,主要国家或地区还是认为央行在推动数字货币发展的进程中应扮演核心角色,央行版本的数字货币才应是"真身"。虽然,国外仍有学者认为数字货币应分为私人发行的数字货币(比如比特币、以太币等)和央行数字货币,并认为私人发行的数字货币由于具有去中心化的特点,而央行发行的数字货币具有中心化特点,从而导致二者水火不容。但是,基于我国的数字货币发展策略及过去十余年的实践探索经验,央行数字货币可以兼顾去中心化的特点。我们认为央行数字货币才是数字货币的"真身",而私人不具备发行货币的权力。这是货币经济学的基本原理。

二、各国央行的数字货币实践

为应对以比特币为首的全球特定虚拟商品(或称为私人发行的数字货币、虚拟货币)带来的挑战,各国开始重视央行数字货币。2022年3月9日,美国总统签署《关于确保负责任地发展数字资产的行政命令》,强调应积极探索和发展央行数字货币。全球已有约50家央行发起央行数字货币项目,超过1/3的中央银行将其作为远期规划。② 央行数字货币内涵应明确为

---

① 《中国人民银行:截至6月末数字人民币累计交易金额达7万亿元》,中国政府网,https://www.gov.cn/lianbo/bumen/202409/content_6972571.htm。

② 《全球央行数字货币发展提速(国际视点)》,人民网,https://baijiahao.baidu.com/s?id=1739635421862269218&wfr=spider&for=pc。

由中央银行直接负债、以国家记账单位计价的数字货币或币值形式。

央行数字货币可分为零售型和批发型。零售型面向普通民众，推动小额结算服务便利化，发展普惠金融；批发型主要用于金融机构间的大额结算服务。从技术角度，批发型完善了现有大额结算系统，而零售型对宏观金融系统影响深远。截至2022年1月，已有66项零售型和25项批发型央行数字货币项目在进行中，大部分处于研究或试运行阶段，只有巴哈马、尼日利亚和东加勒比央行正式发行了零售型央行数字货币。[①] 批发型项目中，加拿大Jasper项目进展较快。总体而言，新兴经济体更青睐零售型央行数字货币，而发达经济体则倾向于批发型。

央行数字货币还可细分为基于代币和基于账户两类。基于代币的央行数字货币使用代币在钱包之间流转，基于区块链结算系统进行交易。基于账户的央行数字货币以账户为基本元素，通过委托机构开立银行账户进行交易。交易前需验证对方账户，而代币交易只需确认代币真伪。

央行数字货币的设计原理包括使用公链、联盟链及完全中心化数据库。中心化数据库不使用区块链技术，与传统电子支付无异，无法体现区块链优势。公链和联盟链均涉及区块链技术。普华永道2021年的报告显示，88%以上的央行数字货币项目使用区块链技术。日本央行数字日元计划中使用区块链技术，认为排除区块链技术的中心化数据库在面对单点故障时崩

[①] 宋敏、徐瑞峰：《央行数字货币创新研究新进展》，《经济学动态》2022年第5期。

溃的可能性更高，分布式账本能有效缓解这一问题。原则上而言，央行数字货币可以利用分布式账本作为数字法币确权信息的副本，并提供查询服务。区块链技术还带来了智能合约的可编程性，支持将智能合约嵌入央行数字货币中，使其成为可编程货币，基于预设条件触发自动支付。区块链技术还提高了央行数字货币与其他数字资产的互操作性。

在区块链架构中，公有链对外公开，任何节点可参与共识过程；联盟链仅授权节点具有记账权限。目前，比特币、以太币等特定虚拟商品主要以公有链架构为主，而央行数字货币多使用联盟链。大量学者研究认为，央行数字货币使用联盟链更优，公有链架构运行速度慢、成本高，无法监管，难以避免黑客攻击或资金财富丢失。此外，如果央行利用公有链架构打造数字货币体系，并在这样的央行数字框架下对宏观经济进行调控，目前从技术人员的反馈来看，其实现起来非常困难。除了技术实现困难外，从发挥的作用来看，公有链架构的央行数字货币体系在实际宏观调控中的效果也差强人意，而且往往引入更多不可控因素，反而带来更多风险，尤其是在央行试图动态调控货币发行量时。简而言之，目前的共识是：学者建议央行采用联盟链模式，而审慎尝试公有链模式。

三、主要国际组织如何看待数字货币

2015年11月，国际清算银行支付和市场基础设施委员会在报告中首次将数字货币（digital currency）定义为"以数字形式表示的资产"，并进一步指出，"在发行与交易验证中使用加密技术的数字货币"将被定义为加密货币（cryptocurrency）。

英格兰银行则认为，数字货币是仅以电子形式存在的支付手段，包括央行发行的央行数字货币和由私人发行的私人数字货币。

2019年，国际货币基金组织（IMF）发布的研究报告进一步从更广泛的角度定义了数字货币，并根据类型、价值、支持方和技术构建了数字货币分类树。[1] 报告首先将数字货币分为类似现金交易、不需要信息流交互的主体对应（object），以及类似信用卡交易、需要信息流交互的声明对应（claim）。主体对应的数字货币分为赎回价值可变与固定两种。固定价值的数字货币包括政府机构背书的信用卡、支票和电汇转账（B-money），以及私人企业背书的中心化支付方式和去中心化支付方式。

由此可见，国际组织对数字货币的定义尚存在争议，数字货币这一概念的内涵与外延边界仍不清晰。数字货币的概念也在随着数字技术的发展、监管精神的改变，而逐渐发生"概念飘移"。但总体而言，虚拟货币的交易记录不一定基于区块链技术存储于分布式账本中，而数字货币及加密货币则一般指使用区块链技术、交易记录存储于去中心化分布式账本中的虚拟货币或资产的数字形态，并采用密码学非对称加密方法保护隐私，在整个过程中，都应是匿名的。

需要特别审慎地关注"数字货币"这一概念，我们认为央行数字货币是数字货币这一概念的唯一"真身""金身"，是真正意义上的数字法币，这一"真身""金身"的边界不应被打破，但是确实有些学者和业界组织一直试图在根本上突破数

---

[1] Adrian T., Mancini Griffoli T. "The rise of digital money," *FinTech Notes*, 2019（1）.

字货币的"真身""金身"的定义边界，并试图定义所谓的"更广义数字货币"，这背后有技术、资本、地缘政治等因素的复杂博弈，所以读者需要保持头脑清醒，应时刻与我国的监管精神保持高度一致。

当然，事物的发展都具有动态性，"真身""金身"的边界也不可能永远不变，有一些关于突破边界的提案应得到支持，我们需要辩证地看待。比如试图采取非区块链技术来实现央行数字货币新形态，这种突破是可以接受的。因为如果我们未来找到一种新的技术，也能实现央行的数字货币形态，而且相较于区块链更有性价比，那我们有什么理由一定要固守自封在区块链技术之下呢？但是，将比特币等数字资产视为数字货币，或者试图让私人发行法币，这种突破应不被支持，甚至非常荒谬。

四、技术揭秘：数字货币与数字"新经济"背后的魔法

目前，数字货币的底层技术还是采用区块链技术，本质可视为是基于经典密码学算法的电子契约。也就是说，数字货币技术的核心是构筑于经典密码学基础之上的，是区块链、共识与容错机制、加密技术、存储与传输技术等技术簇形成的集合的总称。因此，以上技术，比如区块链技术，可不依靠具体的物理基础设施，甚至通过无线电技术搭建简易区块链网络也可实现。这应是容易理解的，比如信息理论基于比特，而比特的实现，并非绝对依赖晶体管，我们可以利用诸如电容电感、磁存储介质、光存储介质等来实现。

在这里，我们也说明一下，为何特别强调经典密码学。我

们需要将经典密码学与量子密码学区分开,量子密码学是基于量子力学体系发展起来的加密理论,目前该领域是国际学术前沿,量子加密技术虽然没有实现大规模商业应用,但一旦量子技术全方位的成熟,量子加密与解密技术都会对经典加密体系带来巨大的挑战。目前,以区块链技术为代表的数字货币技术体系构建于经典密码学之上,可视为是完备的,但是在未来,人类进入量子时代后,这种"完备"则可能被打破。我们在第三章会讨论诸如量子技术等前沿新兴技术对区块链技术带来的挑战和机遇。

简单概括起来,有以下六个核心技术影响着数字货币的发展:区块链技术、加密算法、共识与容错机制、智能合约、数字身份管理、分布式账本技术。

(一)区块链技术

区块链技术的核心优势是它具有不可篡改性,也就是说一旦数据被添加到区块链中,就几乎不可能被更改或删除。这就保证了数据的完整性和历史记录的准确性。区块链技术的另外一个优势是它的可溯源性,这是由于它的链式结构。每个区块包含前一个区块的哈希值,形成链式结构,确保了整个链的完整性,每个区块都包含一个时间戳,记录了交易发生的时间,这有助于确定交易的顺序和历史,区块链上的数据不可轻易变更。也就是说,数据一旦被添加到区块链中,就保持不变,这就为信息溯源提供了坚实的基础。

(二)加密算法

下面再来看看加密算法为何也是数字货币的核心技术之一。

加密算法为数字货币提供了必要的安全保证，这是数字货币交易、支付安全的基础，交易数据信息必须防止未授权访问和篡改。在数字货币交易中，必须有生成数字签名这一环节，这就必须使用加密算法。目前，加密算法主要采取非对称加密，为每个用户生成公钥和私钥。公钥相当于银行的账户号码，这个信息可以公开，而私钥类似于银行账户的密码。常见的RSA算法是一种广泛使用的非对称加密算法，它的实质是利用了"计算困难"，即通过大数的质因数分解难而保证了安全性。密钥长度越长，破解难度越大。我们一再强调，如果人类进入量子时代，现有的经典加密技术将不再安全，更多讨论见第三章。

（三）共识与容错机制

在数字货币的网络体系中，共识机制确保了所有交易者对交易记录的一致性。

PoW，指工作量证明，是一种最常见的共识机制，要求参与者解决复杂的数学问题来验证交易，从而确保网络的安全，以及实现去中心化。它最大的缺点是使用时消耗大量的电力。特别值得一提的是，在这种共识机制下，参与者为解特定的密码问题，必然导致"挖矿"行为的发生，进而要求参与者投入大量的专业计算设备（被称为矿机）进行运算，因此需要耗费大量的电力。如果参与者采用火电，"挖矿"过程将因为消耗巨大的电力带来大量碳排放和严重的空气污染，而矿机因承受不了高工作负荷，报废折旧年限快，设备剩余价值低，带来大量电子垃圾。因为电子设备中含有大量有害的重金属与化学物质，这些电子垃圾的回收会污染土壤、水等资源。此外，虚拟数字资产往往没有实际资产价值作为资产，也不与实物资产挂钩，因此"低产出"，难以为当地政府带来纳税。基于以上原因，根据《国家发展改革委关于修改〈产业结构调整指导目录（2019 年本）〉的决定》已将虚拟货币"挖矿"活动增补列入《产业结构调整指导目录》中的淘汰类，具体分类为落后生产工艺装备。由此可见，"挖矿"过程本身，以及"挖矿"所涉及的技术，都绝对不代表新型生产力、前沿信息科技，反而属于落后产能、落后工艺范畴，甚至具备高耗能、高污染、高危害、低产出等特点。

PoS，指权益证明机制。这种机制允许持有一定数量的数字虚拟资产的用户参与到网络的验证中。它的优势在于较为节能环保，缺点是可能导致持有大量货币的节点获得更大影响力，这和数字虚拟资产提倡的去中心化原则是相违背的。

此外，除了必须具有共识外，还需要有容错机制。

拜占庭容错机制主要是为了避免存在恶意阶段的情况下，共识机制仍然能公平公正的运行。它的原理是，通过投票的方式选出领导者，并在领导者之间进行投票以达成共识，具有高效性、容错性和可扩展性。

（四）智能合约

智能合约和数字货币、虚拟数字资产之间是互补关系。智能合约除了能辅助数字货币实现传统货币的功能外，还能让数字货币与虚拟资产有机融合，等价于为虚拟数字资产提供了一个强大的记账、价值确认、流动及可交易的平台空间。智能合约的出现，使数字货币不仅是一种货币形式，也增强、衍生了其功能。对虚拟数字资产而言，智能合约可以使其与数字货币进行关联，增强其资产属性。因为智能合约有一个关键技能，即自动化交易执行特性。它可以使数字货币、虚拟数字资产具有自动执行合约条款的能力。这种执行能力是通过区块链技术来实现的。具有智能合约属性的数字货币或虚拟资产，只要触发预设条件，则会自动执行相关合约条款。从经济学的角度来看，这降低了交易和时间成本，提高了履约效率，进而可以支撑起经济行为主体更复杂的商业需求，并激活整个商业世界更广泛的金融创新，为社会经济带来更多商业活力。

（五）数字身份管理

数字身份管理为数字货币提供了身份验证、安全性增强、隐私保护等多方面支持，因此数字身份管理是构筑数字货币生态体系不可或缺的一部分。数字货币交易过程中，必须存在对客户信息进行验证的机制，必须确保交易的安全性和用户身份验证的真实性。密钥管理、身份更新与认证机制都是数字身份管理需要重点考虑的管理工程技术问题。

（六）分布式账本技术

分布式账本技术是技术核心中的核心。分布式账本技术的应用并不仅限于数字虚拟资产，它是一种具有普适性的技术概念，因此我们一直都认为它可以重塑多个行业的数据管理和交易方式。

如果我们专门讨论央行数字货币，还需要将以上核心技术配上传统央行货币体系的相关系统和工具，即支付和结算系统、相应的网络安全技术、配套的法律法规等软性工具。

五、数字货币的监管之道

事物的发展总在曲折中前行,"数字货币"这一概念也是如此。该概念出现的前期,确实不乏数字技术流派拟颠覆经典货币经典体系,并认为货币经济学、经济学原理已经过时。但是,最终的实践经验告诉我们,经济学原理永远不过时,要正本清源全球数字货币乱象,引导数字货币走上健康发展之路,还是需要央行牵头,还是要回归货币银行学基本原理,还是要用经济学原理作为监管的圭臬、指挥棒。

(一)虚拟数字资产的监管困境

如前文所述,许多国家和地区的中央银行开始研究数字货币相关技术,并积极推出法定数字货币。然而,去中心化数字虚拟资产和机构囤积(或自行发行的)数字虚拟资产的监管问题仍是各国所面临的重大挑战。这些虚拟数字资产,在当下属于历史遗留问题,而且还在全球持续存在着。这些虚拟资产通常具有去中心化、匿名性和全球流动性等特性,给现有经济与金融的正常运行带来潜在安全威胁,也挑战着全球监管体系。

1. 监管体系尚不完善

虚拟数字资产的监管发展通常落后于技术创新。当前,全球虚拟数字资产监管体系仍处于初级阶段。由于虚拟数字资产是一项创新性事物,现有的监管体系难以完全适应其相关产品和服务。这使得现有体系在应对虚拟数字资产定位、法律地位和运行规则等方面显得捉襟见肘。此外,现行监管框架缺乏明确的规定,对虚拟数字资产相关服务提供商及交易参与者的权利和义务也没有具体的界定。

将现有监管体系应用于虚拟数字资产监管往往难以取得预期效果。由于缺乏可参考的案例，许多国家虽然出台了相关法律和监管模式，但监管力度难以掌握。各国或地区都在该问题上显得十分犹豫，我们利用以下两个例子来说明原因。

例一：强监管者的担忧。C国一直采取强监管模式，但是大国A国突然宣布承认虚拟数字资产（如比特币、以太币）或允许这类资产与A国、B地区主流主权货币进行兑换。因为C国事先已彻底杜绝这类虚拟数字资产在境内持有，则可能导致C国在这类数字资产的全球持有份额占比过低，进而导致在该领域金融主导权、定价权丧失。如果C国是一个金融大国或金融强国，那么问题则会更严重，形势会较严峻。在这种"黑天鹅"事件面前，C国将在相当长一段时间内，在国际经济金融领域十分被动。因此，即使采取强监管的国家也担忧这种"黑天鹅"事件的发生。

例二：弱监管者的不甘。反之，如果一个国家或地区的监管过于松散，虚拟数字资产带给一个国家或地区的风险也是实打实的。过去十余年，全球范围内，这样的负面案例不计其数。但是，为何还是有一些小国家或地区愿意冒这样的风险，而允许虚拟数字资产承担一定的货币职能呢？其中一个主要原因是：这些小国家或地区，不甘于经济长期被美元体系绑定，不甘于缺少经济货币话语权，它们试图摆脱以美元为中心的全球货币金融霸权体系。

当然，在实际情况中，各国或地区的监管当局会面对更为复杂和严峻的问题，考虑的因素太多，而且难以平衡多方利益，也难以同时实现多政策目标。因此，构建全球系统性的数字货币领域的监管框架是一项极具挑战的任务。

2. 数字货币属性增加监管难度

区块链作为底层技术，涉及多个领域，如计算机科学、经济学和法律等，监管当局在制定政策时需考虑多领域的关联关系和多方利益的平衡。因此，构建系统性的监管框架是一项极具挑战的任务，尤其在新兴领域，监管缺位可能导致整个数字货币与虚拟数字资产市场监管的失效。

与法定货币不同，比特币这类虚拟数字资产，因采用了 PoW 共识机制，导致比特币的产生需要通过"挖矿"来实现。这意味着只要参与者能够进行解密运算，只要能"挖矿"，就能生成比特币。虽然机构虚拟数字资产由大型商业机构发行，并不是谁拥有矿机就能生成机构型虚拟数字资产，但无论哪类虚拟数字资产，在其发行过程中，在很长一段时间内，都没有监管机构的参与，也没有央行的参与，这使得监管部门无法从时间源头拥有完整数据信息。

在虚拟数字资产的流通过程中，去中心化的清算系统使买卖双方能够直接进行点对点交易，监管机构很难掌握真实的交易信息。此外，去中心化数字货币的规则由社区维护，机构虚拟数字资产的规则则由发行机构自行制定和维护，这增加了监管的复杂性。由于虚拟数字资产具有跨国性，不同国家的监管态度不一致，这导致国家境内的监管措施无法覆盖境外地区。很多不法分子利用这些漏洞在全球范围内进行非法活动，货币当局长期在发行、监管的缺位带来了目前治理的难度。根据国际货币基金组织的报告，虚拟数字资产体系作为逃避资本管控的重要渠道之一，非法资金通过虚拟数字资产实现跨国流动，给反洗钱和反恐怖主义融资带来巨大挑战。

传统金融体系中，金融机构会严格执行客户识别程序以避免非法金融活动。然而，去中心化的虚拟数字资产具有匿名性，监管机构无法追踪交易全过程，不法分子利用这一特性进行洗钱等非法活动。现实中已经发生了许多典型案例，由于虚拟数字资产的匿名性和不可逆性，这些非法融资行为使投资者和金融机构承受了巨大损失，受害者也很难通过合法途径追回损失。

（二）各国的监管态度

各国一直密切关注数字货币与虚拟数字资产的最新动向，并制定了适合本国国情和金融环境的监管框架。目前，全球数字货币与虚拟数字资产的监管模式大致分为四种：禁止虚拟数字资产相关活动、将虚拟数字资产纳入现行监管框架、制定新的数字货币与虚拟数字资产监管框架，以及对数字货币与虚拟数字资产相关产品和服务实施"监管沙盒"。

英国、新加坡和中国香港等典型地区已经开始使用"监管沙盒"，俄罗斯、美国夏威夷州也开始研究这种模式。2020年2月6日，美国证券交易委员会委员海斯特·皮尔斯在国际区块链大会上提出了"代币（token）安全港提案"反思现行监管体系在数字货币与虚拟数字资产监管上的不足之处。该提案旨在为利用区块链技术的代币发行和流通提供合规途径，但尚未正式通过。

具体来说，全球的数字货币与虚拟数字资产监管模式主要分为以下四种。

1. 禁止虚拟数字资产相关活动

为维护金融秩序稳定，保护公众和机构的利益，一些国家对虚拟数字资产相关服务采取严格禁止的模式。我国是这一监管模式的典型代表。如前文所述，我国对非法定数字货币的发行、流通等采取严格的监管措施，将比特币等虚拟数字资产认定为特定虚拟商品，不具备与货币等同的法律地位。我国还将ICO和STO等定性为非法金融活动，禁止任何组织和个人从事此类活动，禁止各类金融机构和支付机构开展相关业务。

> **延伸阅读**
>
> ## 什么是ICO？什么是STO？
>
> ICO（Initial Coin Offering，首次代币发行），虚拟数字资产领域的一个术语，是一种通过出售虚拟商品（以代币形式）向公众募集资金的方式。该方式利用互联网便利，逃避监管，也没有特定官方审核机制或背书，导致这类ICO项目多数存在诈骗行为，仅以区块链、高科技为幌子，诱骗投资者或不明真相的大众。
>
> STO（Security Token Offering，证券型代币发行）也是虚拟数字资产领域的一个术语。这种方式要求代币被视为证券，且需遵守证券法规，但是这往往仅是STO项目的宣传口号，大量的STO项目为非法金融项目。2018年12月4日，北京互金协会发布《关于防范以STO名义实施违法犯罪活动的风险提示》，明确指出，所有金融业务都要纳入监管。STO涉嫌非法金融活动，应严格遵守国家法律和监管规定，立即停止关于STO的各类宣传培训、项目推介、融资交易等活动。涉嫌违法违规的机构和个人将会受到驱离、关闭网站平台和移动App、吊销营业执照等严厉惩处。

2. 将虚拟数字资产纳入现行监管框架

一些发达国家在不改变原有监管框架的前提下，对虚拟数字资产监管进行调整和创新，努力保持其在全球市场上的领先地位。美国是这一模式的典型代表。美国将虚拟数字资产纳入现行监管框架，给予其一定的发展空间，但要求其遵守现有的监管规则。美国证券交易委员会强调，将区块链嵌入金融活动中仅仅是用分布式记账代替中央记账，交易本质未变，因此虚拟数字资产仍需接受监管。美国数字货币与虚拟数字资产在发行和交易过程中一旦被认定为证券，其相关发行主体和交易主体就必须遵守《1933年证券法》的规定。

3. 制定新的数字货币监管框架

许多国家推出了针对数字货币与虚拟数字资产的新型监管措施，为其发展提供法律保障。日本是这一模式的典型代表国家。作为全球为数不多为数字货币与虚拟数字资产提供法律保障的国家，日本在2016年修订了《资金结算法》及其他相关法律，明确数字货币与虚拟数字资产及相关服务提供者的法律属性、监管部门和监管规则，不仅将数字货币与虚拟数字资产纳入了日常监管，还从国家立法层面搭建了专属数字货币的监管框架。①

4. 实施"监管沙盒"

"监管沙盒"模式相较于直接承认数字货币与虚拟数字资产的法律地位更为谨慎，但也给予其一定的发展空间。"监管

---

① 段磊：《日本法对虚拟货币的监管规制》，《金融法苑》2018年第3期。

沙盒"最早由英国于 2015 年提出,[①] 主要应用于金融科技领域。数字货币与虚拟数字资产交易所可申请加入"监管沙盒",在特定范围和一定时间内测试新金融产品的业务流程。新加坡等地也推出了类似的监管措施,为数字货币市场的发展提供了一定的实验空间。

(三) 全球数字货币的监管态度

目前,各国对历史遗留问题,虚拟数字资产采取了不同的监管模式,同时对数字货币到底是什么,不断进行总结和探索,主要包括数字货币性质的界定、发行方式的监管、交易活动的监管及税收政策的制定。在税收政策方面,美国、日本、韩国、英国、俄罗斯、新加坡、瑞士和马耳他等国家均出台了相关政策,其中日本的税率最高,最高税率达到 55%。

1. 美国的监管态度

美国多个政府部门均针对数字货币及其历史遗留问题开始监管应对,主要涉及的机构包括美国商品期货交易委员会、美国消费者金融保护局、美国联邦总务署、美国证券交易委员会、美国移民与海关执法署、美联储等。每个部门对数字货币与虚拟数字资产的监管的侧重点有所不同。总的来说,美国对数字货币与虚拟数字资产的监管仍以虚拟货币为主。

美国证券交易委员会主要关注数字货币与虚拟数字资产对证券市场和投资者的影响。该机构曾发布一系列投资者公告,警告与 ICO 和其他虚拟数字资产发行相关的风险,根据每种 ICO 发行条件不同,其发售的虚拟币或代币有可能属于证券,

---

[①] 《英国"监管沙盒"用拥抱创新来塑造创新》,新华社客户端,https://baijiahao.baidu.com/s?id=1651432218151712948&wfr=spider&for=pc。

因此必须遵守证券法的注册要求。美国证券交易委员会还建议投资者了解所筹资金用途，并提醒投资者警惕有人利用发行虚拟币或代币进行欺诈或盗窃。此外，上市公司可能通过发行虚拟币或代币来达到宣传目的，并提高股票价格；内部人员还有可能通过先哄抬价格再抛售的方式操纵股票市场。证券交易委员会向投资者提供警示，建议客观谨慎地对待可能产生的股票欺诈。

美国商品期货交易委员会则更加侧重数字货币与虚拟数字资产可能产生的操作风险。虚拟数字资产存在于许多不同的平台，这些平台往往不受规范交易所行为的监管条例的约束，因此缺乏关键的保障措施。一些平台可能对客户资产进行合并处理，导致客户无法提取货币。此外，这些平台可能受到黑客攻击，导致虚拟数字资产被盗。

美国移民与海关执法署主要关注虚拟货币在跨国交易中可能产生的问题。传统货币受到央行和政府等机构的调控，而数字货币与虚拟数字资产则不同，政府无法直接干涉其交易过程及价值变动趋势。数字货币与虚拟数字资产通常采用加密技术来保证交易安全和匿名性，用户信息也不会被泄露或滥用。因此，在某些情况下，如资本流出风险增大、汇率波动较大等时刻，使用数字货币与虚拟数字资产可以有效减少或规避国家货币政策所引起的影响。

2. 欧盟的监管态度

欧盟在 2022 年之前，并未制定统一的数字货币与虚拟数字资产法律体系和监管框架，对数字货币与虚拟数字资产的监管主要依靠原有金融和科技监管体系。

在立法层面，基于欧盟的权力架构，欧盟委员会有权起草法令，制定整体战略和相关政策。因此，在对数字货币与虚拟数字资产监管的体系中，欧盟委员会负责顶层设计。欧盟一方面将数字货币与虚拟数字资产的监管纳入原有金融监管法令覆盖范围（AML6、EMD2、PSD2等），另一方面则针对原有法令无法涵盖的数字货币与虚拟数字资产种类专门立法，以填补法律真空。2022年通过的《加密资产市场监管法案》（The Markets in Crypto-assets Regulation，MiCA）将稳定币等此前存在监管空缺的新数字货币形式纳入监管范围。

在执行层面，欧盟的数字监管体系由欧盟金融监管机构和各成员国金融监管机构构成。隶属于欧洲中央银行的欧洲系统性风险委员会（European Systemic Risk Board，ESRB）负责欧盟金融系统的宏观审慎监管。欧洲银行业管理局（European Banking Authority，EBA）和欧洲证券与市场管理局（European Securities and Markets Authority，ESMA）基于欧盟对数字货币与虚拟数字资产的分类和相应法令对处于其监管范围的数字货币与虚拟数字资产相关行为施行监管。各成员国则在欧盟监管框架下单独立法，并由本国现有金融监管机构根据职权范围对数字货币与虚拟数字资产相关行为施行监管。

在实践中，欧盟数字货币与虚拟数字资产监管体系采用功能性监管，即以相关市场主体的商业活动实质确定其所需遵循的法律规范及相应监管机构。

例如，符合电子货币指令（EMD2）中电子货币条件的加密资产，其发行者需获得电子货币机构许可，并满足EMD2指令关于业务开展、审慎监管、电子货币发行与赎回的规定；为其提供支付服务的企业则应满足支付服务指令（PSD2）的相关规定。①

对于符合欧洲金融工具指令（MiFID2）中金融工具条件的加密资产，其发行人和相关主体则可能需遵循招股说明书指令（PR）、透明度指令（TD）、市场滥用管制条例（MAR）、卖空条例（SSR）、中央证券存管条例（CSDR）和结算终局指令（SFD）等。

欧盟将防范数字货币与虚拟数字资产用于洗钱或为恐怖主义融资等非法行为作为监管重点。2014 年，EBA 向欧洲理事会、欧洲议会和欧盟委员会指出，虚拟货币具有被用于洗钱、金融犯罪和恐怖主义融资的风险，并认为反洗钱是数字货币与虚拟数字资产立法最为迫切的目的。欧盟最终在 2018 年通过"欧盟反洗钱 5 号令"（AMLD5），将反洗钱义务实体范围拓展至托管钱包提供商和虚拟货币交易平台。②

3. 日本的监管态度

日本针对私人数字货币与虚拟数字资产建立了专门的监管体制和法律框架。2016 年，日本通过了《资金结算法》修正案，以法律形式允许比特币作为支付手段，并将虚拟货币及交易机构纳入法律体系，对其进行定义与规制。

在日本的监管框架中，虚拟数字资产（在该国语境下，也称为私人数字货币、虚拟货币）可作为支付手段，但并非法定货

---

① 宋爽、刘朋辉、陈晓：《金融安全视角下欧盟数字资产监管策略》，《欧洲研究》2020 年第 2 期。

② 《欧盟反洗钱 5 号令的七大亮点》，捷软世纪网，http：//www. agile-century. com/show_1_48_260. html。

币。《资金结算法》规定虚拟货币的五大要素分别为：（1）以计算机及其他电子方式记录的财产性价值；（2）可以作为购买物品、接受服务时的对价，且可以对不特定人群使用；（3）可以向不特定人群购入或卖出；（4）能够用电子信息处理系统进行转移；（5）不属于日本及其他国家的货币或以货币支付的资产。

日本要求虚拟货币交易机构向财务局申请登记。虚拟货币交易机构须符合公司注册资本不低于1000万日元、净资产不为负等条件，[①]提交的材料中须记载公司的人员、财务、地址及所运营的虚拟货币的名称和概要等事项。

日本的监管体制要求虚拟货币交易机构遵循信息安全管理义务、财产分别管理义务，采取措施保护客户，并适用金融诉讼替代性纷争解决机制（ADR）。如果交易机构将部分业务委托给第三方，还需承担对第三方受托人的指导义务。

根据修订的《犯罪收益转移防止法》，虚拟货币交易机构在特定交易时需确认客户身份信息，如签订合同、买卖或兑换价值超过200万日元的虚拟货币、转移价值超过10万日元的虚拟货币等交易。[②]交易机构需要求客户上传身份证明，并将交易合同等文件邮寄至客户身份证明上的地址。

相比于对交易机构行为的详细规范，日本在代币融资发行规制上则较为迟缓。2017年，日本金融厅发布《对ICO使用者和经营者的警示》，提醒投资者警惕诈骗风险。2019年，日本加密资产交易所行业协会颁布《新币发售相关规则》及配套

[①]《日本法虚拟货币的监管规制》，《金融法苑》2018年第3期。
[②]《日本法虚拟货币的监管规制》，《金融法苑》2018年第3期。

的《关于新币发售相关规则的指导方针》，要求发行机构向协会和金融厅阐述拟发行数字货币的商业模式、主体可靠性、销售方式、安全性及价格合理性等，并定期披露实际销售情况、发行总量、融资用途等信息。

4. 国际机构的监管态度

数字货币与虚拟数字资产的匿名性和去中心化特性使其容易绕过各国监管，助长跨境投机和非法交易。此外，数字货币与虚拟数字资产对互联网的依赖性也增加了其交易节点面对网络攻击的脆弱性。为实现对数字货币与虚拟数字资产的有效监管，需要跨国和多边合作。然而，现有国际合作框架下，数字货币与虚拟数字资产的管辖权难以确定。

由于数字货币与虚拟数字资产具有无边界性和虚拟性，监管各方难以基于交易地点确定管辖权。同时，尤其是虚拟数字资产的匿名性和去中心化特性使使用者身份难以获知，难以适用基于当事人和货币主权的管辖依据。实现对虚拟数字资产的跨国有效监管需要建立相应的国际协调和治理机制。

目前，虚拟数字资产及其影响引发各国关注。针对相应国际监管合作框架缺失的现状，主要国家和国际组织开始着手建立多边协调机制。2017年3月，二十国集团（G20）财政部长和中央银行行长会议的联合声明肯定了数字货币底层技术潜力，但强调私人数字货币（即虚拟数字资产）不具备主权货币的关键属性，存在消费者保护、市场诚信、避税、洗钱和恐怖主义活动融资等问题，表示将加强监测，评估采取多边应对措施的必要性。同年12月，G20领导人峰会上成员国联合签署声明，同意对加密货币采用符合反洗钱金融行动特别工作组

（FATF）标准的监管方法。[1]

（四）中国的监管态度和动态梳理

1. 中国对数字货币性质的界定

大多数国家未承认非央行数字货币的法律地位，中国是其中的典型代表。中国对比特币等去中心化数字货币有明确的定义，认为其不具备与货币等同的法律地位，而是一种虚拟商品。2013年，中国发布了《关于防范比特币风险的通知》，详细界定了比特币的性质，认为其不具有法偿性与强制性等货币属性。因此，比特币不能作为货币在市场上流通使用。

近年来，假借数字货币名义进行诈骗的活动屡禁不止。不法分子通过发行空气币、虚拟币进行集资诈骗，使受害者财产损失惨重。2019年，中国人民银行发布了《关于冒用人民银行名义发行或推广法定数字货币情况的公告》，提示公众警惕虚假央行数字货币风险。中国政府部门多次在公开场合提及法定数字货币，但对民间发行数字货币的行为保持严格监管，严厉打击假借数字货币、区块链名义进行的诈骗活动。

2. 对非央行数字货币发行活动的监管

在中国，ICO被定性为非法金融活动，任何组织和个人不得从事ICO活动。2017年9月，中国人民银行等七部委联合发布的《关于防范代币发行融资风险的公告》指出，ICO本质上是一种未经批准的非法公开融资行为，涉嫌非法发售代币票券、非法发行证券及非法集资、金融诈骗、传销等违法犯罪活动，有关部门将依法查处此类行为。

---

[1] 《二十国集团财长和央行行长会议在德国巴登巴登举行》，网易新闻，https：//www.163.com/news/article/CG0EQOQ0000187VE.html.

由 ICO 衍生出的 STO、IFO、IEO 和 IMO 等在中国均被认定为非法金融活动。如前文所述，2018 年 12 月，北京市互联网金融行业协会已明确要求立即停止 STO 相关活动，涉嫌违法违规的机构和个人将受到严厉惩处。

3. 对非央行数字货币交易的监管

2013 年开始，境内愈发活跃的比特币交易及引发的洗钱风险引起央行等部门关注，监管部门尝试将比特币平台与传统金融机构隔离，阻断可能的风险传递渠道。2013 年 12 月，中国人民银行等五部门发布《关于防范比特币风险的通知》，明确比特币是一种特定的虚拟商品，禁止境内金融机构和支付机构开展与比特币交易相关的业务，比特币交易平台应当在电信管理机构备案。2014 年 3 月，中国人民银行向各分支机构下发《关于进一步加强比特币风险防范工作的通知》，要求所有银行和第三方支付机构关闭并清除我国境内比特币平台的所有交易账户，同时要求支付清算协会继续跟踪平台的充值手段变化，并及时向中央银行通报。

2017 年后，比特币之外的虚拟数字资产不断出现，代币发行融资迅速增加，带来极大的金融风险。《关于防范代币发行融资风险的公告》明确 ICO 是未经批准非法公开融资的行为，禁止任何组织和个人从事 ICO，禁止各金融机构和非银行支付机构开展与 ICO 交易相关的业务，如账户开立、登记、交易、清算、结算等。该公告同时禁止代币融资交易平台兑换、交易代币，或提供定价、中介服务。该公告不仅将监管范围由比特币扩展至全部私人数字货币，且将交易平台行为列为监管对象，事实上全面禁止境内私人数字货币交易。该公告还要求数字货币交易所立即停止相关交易活动，投资者要对虚拟货币非法金融活动保持警惕，及时举报相关线索，谨防上当受骗。此外，我国也将通过在海外注册并设立服务器以外资身份在我国开展的数字货币交易相关服务视为非法行为。

2019年，随着区块链技术的推广，有不少项目借区块链之名，从事非法数字货币活动，而且有泛滥之势。北京、上海、深圳和杭州等地监管部门对数字货币交易所相关活动进行摸底排查。例如，2019年11月，深圳重点排查三种数字货币交易活动：一是在境内提供交易服务或开设交易场所；二是为境外交易场所提供服务通道，包括引流、代理买卖等；三是以各种名义发售代币，向投资者筹集资金或比特币、以太币等数字虚拟资产。2019年11月，上海市金融稳定联席会议办公室、人民银行上海总部表示，将加大监管力度，打击虚拟货币交易。同月，北京市发布《关于交易场所分支机构未经批准开展经营活动的风险提示》，指出北京市未批准任何交易场所设立分支机构，如有外埠交易场所分支机构在京开展经营活动属于违规行为。

由于比特币等虚拟数字资产采取PoW共识机制，导致产生"挖矿"过程。我国多次重申打击比特币"挖矿"和交易行为，"挖矿"产业较为集中的内蒙古、青海、四川等地，先后开始清理整顿"矿池"。2021年9月，中国人民银行、最高人民法院、最高人民检察院等十部委联合发布《关于进一步防范和处置虚拟货币交易炒作风险的通知》，再次明确虚拟货币兑换、交易、ICO、衍生品交易及为虚拟货币提供定价和信息中介等相关业务均属于非法金融活动，首次明确境外虚拟货币交易平台通过互联网向境内居民提供服务同样属于非法金融活动。公告同时确定了部门协同、属地落实的虚拟数字资产风险监管工作机制。2024年6月14日，内蒙古自治区市场监督管理局发布了《虚拟货币"挖矿"鉴定技术指南》，并于2024年7月14日开始实施。

第三章

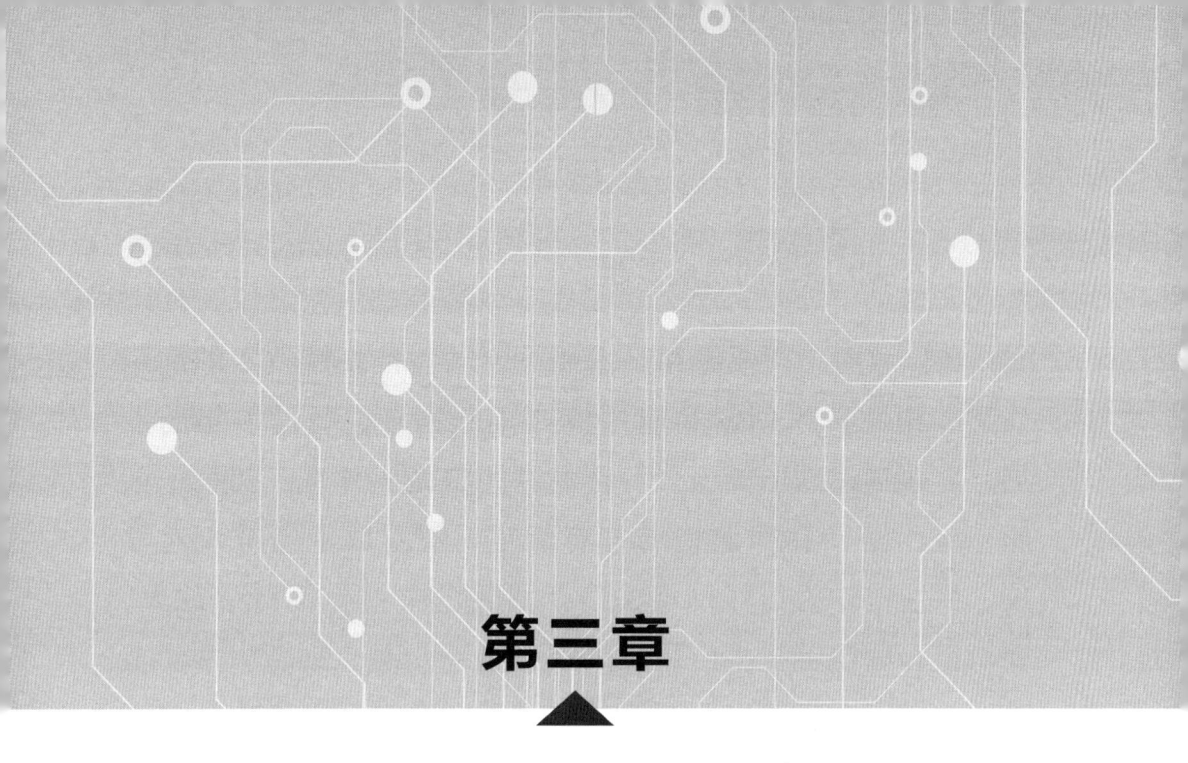

区块链技术与虚拟数字资产

一、从区块链的发展说起

各国政府、产业界和学术界高度关注区块链技术的应用发展，相关技术创新和应用模式不断涌现。经过多年的发展，区块链逐渐形成了公有链和联盟链两大体系，其技术创新、应用路径和产业格局各有侧重。随着数字经济快速发展，区块链作为信任网络、信任机器的关键作用持续放大，公有链与联盟链技术应用发展有待进一步融合创新，推动全球区块链产业走向以开源开放、共建共享、绿色高效为核心的新发展阶段。

公有链技术主要面向下一代互联网持续迭代，推动实现更开放、更高效和绿色化发展。当前国际主流公有链节点规模较大，去中心化程度高，主要聚焦于扩展性、兼容性、能耗等方面的优化。其中，以太坊平台是公有链的典型代表。在技术创新方面，国外以 Web3.0 为导向加速公有链技术创新，引领了智能合约、数字身份、隐私保护等多个领域的技术走向。基于以太坊推出的资产发行、资产确权、支付结算等一系列技术协议正成为区块链在相关领域的事实性标准。

相比之下，联盟链技术聚焦业务场景需求，发展速度相对缓慢。实体经济的数字化应用主要由联盟链主导。在金融行业，区块链技术被应用于贸易融资、跨境金融、支付清算等领域。在医疗领域，区块链助力打通机构间的信息壁垒，构建可信、安全的医疗数据共享机制。在能源开发领域，区块链技术主要用于碳排放溯源、分布式能源管理等场景，赋能能源主体转型升级。公有链主导的是数字原生应用，旨在打造数字原生经济。尽管加密货币神话遭到打击，但基于公有链的数字资产应用依然丰富多彩。

国内外区块链发展基本处于同一起跑线，全球新增区块链企业数量稳中有降，产业格局基本成型，业界对区块链的认识逐渐趋于理性，正在专注于探索其潜在的应用价值和商业模式。国外注重基础技术演化，国内则擅长业务模式创新。

2022年第六届可信区块链峰会上发布的《区块链白皮书（2022年）》显示，中美两国都处于第一梯队，2021年全球新增区块链企业数量快速增长，中美两国区块链企业数量处于全球领先，合计占比高达52%。

结合该报告的观点和数据，以及我们的调研总结，国外区块链产业发展呈现以下特点。

（1）各国加强政策布局。美国、英国、日本和俄罗斯等国家对区块链产业保持支持态度，不断提高国家区块链技术的研发和产业的应用。例如，英国将区块链列入国家战略部署，拟投资2660万美元支持区块链发展。俄罗斯发布国家区块链项目数据库，涉及金融、保险、医疗等共计390个项目。多地政府也发布数字资产布局相关政策文件，积极推动区块链数字资产的发展。此外，2022年欧盟议会通过了《加密资产市场监管法案》；2022年5月，日本将发展Web3.0提升为国家战略，并提出从金融角度推动数字资产发展的完整规划；2022年6月，新加坡公开表示要成为全球Web3.0企业创新创业聚集地；2022年9月，美国发布《负责任开发数字资产综合框架》；2022年，印度提出要加强研究加密货币对经济、货币政策和银行业的影响。

（2）国际组织不断推动底层技术创新。随着区块链开源项目持续推进，智能合约、开源底层系统不断成熟。Linux基金会于2015年发起的超级账本项目（Hyperledger Project）已逐渐形成区块链生态。

（3）各国重点企业抢先布局，投融资热度不减。截至2022年9月，全球共有区块链企业6914家。2021—2022年，全球区块链企业融资规模大幅增加，归因于前期融资企业的后期扩展融资。美国相对宽松的监管环境和发达的金融市场体系使美国区块链企业融资金额遥遥领先，占全球比例高达56%，2022年全球10大区块链融资事件中有8家企业总部设在美国。2015—2018年，区块链领域的风险投资累计超过14亿美元。跨国企业包括IBM、Intel公司通过建立开源社区吸引各方参与，加快打造行业解决方案；微软、谷歌、甲骨文等公司利用云平台提供区块链即服务（Blockchain as a Service，BaaS），推动区块链技术应用落地。

国内的区块链产业发展稳中有进，政策布局更加清晰。

（1）国家政策支持。在《"十三五"国家信息化规划》中两处提及区块链，强调加强区块链等新技术的基础研发和前沿布局，构筑新赛场和先发主导优势。重庆渝中、雄安新区、贵州贵阳、浙江杭州、江苏无锡、山东青岛、上海宝山、广州黄埔等地在发展规划中明确将区块链作为发展重点，贵州、重庆、广州、山东等地结合当地实际出台专项扶持政策（具体见表3-1）。

表 3-1 主要地区出台的相关专项扶持政策

地区	文件名称	发布时间
重庆市渝中区	《重庆市渝中区数字经济"十四五"发展规划（2021—2025年）》	2022 年
雄安新区	《关于全面推动雄安新区数字经济创新发展的指导意见》	2022 年
贵州省贵阳市	《贵阳贵安区块链发展三年行动计划（2020—2022）》	2020 年
浙江省	《浙江省区块链技术和产业发展"十四五"规划》	2021 年
江苏省无锡市	《无锡市推动数字经济提速和数字化转型的实施意见》	2022 年
山东省	《山东省区块链技术创新和产业发展行动方案（2024—2025年）》	2024 年
上海市	《上海市推进城市区块链数字基础设施体系工程实施方案（2023—2025年）》	2023 年
广州市黄埔区	《广州市黄埔区 广州开发区促进区块链产业发展办法实施细则》	2018 年

（2）"十四五"规划。国家层面出台鼓励支持发展区块链技术的落地政策文件，明确将区块链作为新兴数字产业之一，随后各部委陆续出台的"十四五"各行业各领域发展规划，对各领域如何利用区块链技术促进经济社会高质量发展作出了战略部署。地方层面也积极响应，鼓励区块链相关产业的发展，谋求产业与区块链技术融合。

（3）区块链技术和产业发展论坛。工业和信息化部指导成立中国区块链技术和产业发展论坛，发布《中国区块链技术和应用发展白皮书（2016）》，引导社会各界正确认识、使用区块链。中国人民银行于 2017 年成立数字货币研究所，积极探索区块链技术发展。

（4）区块链应用扩展。区块链产业已经步入信任链、协作链的发展阶段，在国家大力推动区块链创新试点工作下，区块链深度融入经济社会各个领域的数字化转型过程。区块链技术目前正持续驱动业务场景创新与流程优化，区块链技术的出现让"可信技术"愿景从理想照进现实，开拓了大量数字孪生应用。在智能制造领域，区块链技术打造基于"机器信任"的生产工作环境，重塑产业主体间数据共享及协作机制。区块链技术在金融服务、供应链管理、社会治理、医疗健康、数字文创等领域中所具有的数据增值、安全可信、协同共享的作用逐渐凸显，技术赋能数字经济的边界在不断延展。

（5）健全标准体系。中国电子标准化研究院、中国信息通信研究院、工业和信息化部电子第五研究所等机构围绕参考架构、数据格式、测评方法、评估规范等，加快区块链标准制定，形成《区块链参考架构》《区块链数据格式规范》《区块链与分布式记账信息系统评估规范》等一系列标准，成立区块链和分布式记账标准委员会，推动首个区块链国家标准立项，积极参与国际标准 TC307 制定。

二、从传统货币到数字货币

关于货币起源的学说，货币史上已经存在过的及现存的货币形态包括以下三种。

（1）实物形态货币。贝壳、铜、铁、金、银等都曾经充当过货币，尤其是金银等贵金属具备易于携带、价值高、不易腐烂变质、易于分割计量等优点。金属货币是理想的货币形态，具备普遍接受性、价值稳定性等特征，且在既定的制度安排下具有自动调节货币流通量的作用，从长期来看，不会产生通货膨胀或通货紧缩，因此金属货币在很长一段时间中扮演着世界性通货的角色。

（2）代用货币。由于金属货币供给不足，代用货币应运而生。代用货币主要指政府或银行发行的纸币，虽外在形态为纸币，但与现代意义上的纸币有所区别。因为这种纸币需有十足的贵金属作为发行准备，也可以同贵金属货币进行自由足值的兑换，也叫作不兑现纸币。最早使用代用货币的国家是英国，美国政府在金本位时期也发行过黄金凭单（Gold Certificate）。

（3）信用形态货币。这是基于国家信用的法币，是目前世界各国普遍采用的货币形态，是当代货币体系的核心。信用货币通常由中央银行垄断发行，不可兑现，具有无限法偿能力，成为一种独立的货币形态。信用货币完全脱离了贵金属的支持，成为一种独立发挥功能的货币。

在实物货币形态和信用货币形态之间，存在着历史演化的轨迹。20 世纪 30 年代，世界经济危机爆发，西方国家纷纷脱离金本位制和银本位制，信用货币由此产生。2008 年，比特币白皮书问世，这是虚拟数字资产的开端，虽然在初期，大众误认为这是数字货币的正确形态，但是随后的 10 年（2008—2018 年）里，虚拟数字资产的弊端也暴露无遗，但即使如此，虚拟数字资产还是形成了自身的体系，而且体量越来越大。时至今日，虚拟数字资产仍然是全球金融市场的"灰色地带"，存在着大量监管真空，央行等货币当局对这些虚拟数字资产的发行长期缺位，这都为全球政治、经济与金融的稳定和安全埋下巨大的隐患。

唯一庆幸的是，随着全球央行的介入，央行数字货币是数字货币的"真身"这一共识正在不断形成，而虚拟数字资产的监管应持续加强这一共识在全球范围内也在不断趋同（但是具体涉及发行、支付结算、共识机制、税收等核心要害问题，分歧也非常巨大，甚至没有调和的趋势）。

简而言之，数字货币，作为一种起源于数字技术，依托网络通信、传输与存储，以非物理形式存在的且可通过人为设计的货币，可视为是实物货币和信用货币之后的第三种货币形态。数字货币的本质，即其物理世界的存在形式，其实是可视的字符串信息，或者说一连串的密码编码，可以说数字货币具有技术形态的一面，这算是它相较于传统货币所具有的特色之一（虽然每张纸币上也有唯一的标识识别码）。在互联网浪潮下，数字货币是从信息网络时代进入价值网络时代的一个必然选择，包括密码学和网络技术等在内的技术发展为数字货币的发展提供了重要的技术基础。

三、有缺陷的尝试

人类进入数字时代，货币的数字形态呼之欲出。事物的发展总是充满曲折，人类对未知的尝试都是一个试错的过程，这就注定不会一帆风顺。关于数字货币的前期尝试也充满缺陷。虽然在当下我们已经明确数字货币的"真身""金身"是央行数字货币，即数字法币，但是在最开始时，一切的尝试却是伴随着缺陷而诞生的，这也为当下数字货币的发展留下了大量的历史遗留问题。

1998年，世界上其实已经出现了类似"加密数字货币"概念，只可惜仅是概念，始终无法在物理层面落地。10年之后，在2008年，网上一个自称中本聪的人提出了比特币的概念。比特币使 1998 年的"加密数字货币"的设想具象化。这个时期的比特币的信徒们认为比特币可以成为一种基于密码编码,通过复杂算法产生,不依靠任何特定货币机构发行,不受任何个人或组织干扰的非中心化货币。

数字货币应具有数字化、透明性、全球化和高科技的特性。根据当下央行数字货币的定义,因为它具有法定货币属性,因此它还和实物法币挂钩,并非纯粹的数字世界的产物。而如果我们视比特币为特殊虚拟商品、虚拟数字资产,则它确实不拥有任何实体,仅是纯粹的数字世界的产物,所以从审慎监管视角,我们可以认为它并无实质经济价值,但它利用了区块链等前沿信息技术,因此它具有技术价值,而技术价值并非都能变现,并非都具有投资价值。

虽然传统的投资产品不具有纯粹的数字属性,但是我们如果以此来说明传统投资产品不如虚拟数字资产,这显然也是不对的。

与经典法定货币不同,数字货币与虚拟数字资产在区块链技术、分布式储存机制的帮助下,所有交易都可以被记录下来,每一次转手交易都清晰地记录在区块链上,这种特性是经典货币所不具备的。从这个角度看,它们是有时代进步意义的。其他时代经济意义可以简单概括起来的有:纸质货币具有国界限制和主权属性,而数字货币与虚拟数字资产可以自由穿梭在互联网,天然地具有无国界和全球化的属性,可以打破以美元为全球货币体系中心的这种"嚣张的特权"。[①] 数字货币

[①] 巴里·埃森格林:《嚣张的特权:美元的兴衰和货币的未来》,陈召强译,中信出版社 2011 年版。

是多学科融合的产物，技术原理相对复杂，除了前文提到的密码学，还包括金融学、分布式网络、共识算法、智能合约等前沿技术学科，因此发展数字货币可以促进交叉学科融合。原则上而言，数字货币的高科技特性可以促进货币防伪技术的发展。

在央行数字货币没被提出来之前，人们对数字货币认知缺陷的主要原因是想当然地认为实物形态、代币形态及信用形态三种货币形态之间存在某种递进关系，但事实上，三者之间没有必然的联系，不能采用第一种货币形态和第二种货币形态的认知与框架去理解数字货币。同时，为了与数字经济发展相匹配，要用好当下最优的数字技术，这要求改变货币这一概念的经典定义，需要重新定义内涵和外延。我们的教科书对货币的定义也需要与时俱进，尽管数字货币仍然使用"货币"二字，但它们不再是古典意义上的货币。当然，内涵和外延改变多少，改变到什么程度？哪些边界可以突破，哪些禁区不能触碰？这是留给学者、政府官员等的难题。

四、区块链相关技术的安全问题

尽管区块链技术具有可信、共识和防篡改等特点，但我们也要清醒地认识到，区块链技术作为数字货币的底层技术并非绝对没有安全风险。

（一）加密算法被破解

区块链技术采用多种加密算法，如用于验证交易身份的非对称加密算法和确保交易共识的哈希算法。如果这些加密算法遭到破解，可能导致用户信息泄露、个人身份冒用、数字资产丢失等事件，影响使用者的财富安全和社会稳定。尽管哈希算法难以被破解，但椭圆曲线加密算法在量子计算等新型技术不断发展的今天，未来存在被破解的可能性。当前广泛使用的加密算法主要依靠数学难度来保障安全性，随着高性能计算机和量子计算机的发展，量子技术可能很快突破相应数学难题在经典算力阈值上的计算上限，致使加密机制失效。

（二）智能合约漏洞

智能合约是区块链的核心技术之一，具有去中心化、自动履行、不可篡改等特点。但智能合约可能在编程语言的设计过程中就出现缺陷、存在漏洞。如果缺陷或漏洞被黑客利用，则对数字货币使用者带来严重的财产损失。例如，在以太坊平台发生的 The DAO 事件中，黑客利用"递归调用漏洞"盗取数字货币资产。[1] 此外，以太坊平台也存在交易顺序依赖、时间戳依赖、误操作异常、可重入攻击等智能合约漏洞。

（三）共识机制不稳定

区块链技术由大量底层技术协议构成，最为核心的是共识协议。该协议用以保证区块链网络中诚实节点在恶意节点干扰下也能达成共识。但当区块链系统升级并发布新共识协议，若非全部节点均接受新协议，区块链可能出现硬分叉。硬分叉违反区块链的最长链原则，降低了使用者对区块链的信任度，影响了数字货币系统的可靠性。共识机制还存在设计不合理的问题，例如 PoW 共识机制会带来"挖矿"问题，导致大量能源问题。

---

[1] 朱晓武、魏文石：《区块链的共识与分叉：The DAO 案例对以太坊分叉的影响分析及启示》，《管理评论》2021 年第 11 期。

（四）数据传输网络攻击

区块链的信息传播采用对等网络结构和消息广播机制，由节点将信息发送给相邻节点。恶意攻击者可能以链上安全性较差的节点为攻击对象，通过信息传播机制将威胁传播至整个区块链网络。例如，日蚀攻击、DDoS（拒绝服务）攻击、窃听攻击等方式侵入。

（五）区块存储数据风险

在区块链中，区块数据以链式结构分布存储在链上。信息一经验证并加入区块后，将永久存储，带来两个潜在问题：一是冗余数据的增长，特别在恶意攻击下可能出现爆炸式增长，超出节点数据存储容量，使节点运行不稳定，降低整条链运转效率；二是恶意节点利用区块链不可篡改特性，将恶意代码或非法信息写入区块。

第四章

新兴技术与数字货币正在加速融合

数字货币不是一个封闭的概念。数字货币之所以能持续发展，就是源于前沿技术的不断创新驱动。如前文我们提到的区块链、分布式账本技术、智能合约技术等。由此可见，数字货币是一个技术敏感型概念。因此，如果有其他外部技术迅速崛起，这一定会影响到当下数字货币的发展。

数字货币正受到以下四大外部技术冲击：人工智能、量子技术、Web3.0与元宇宙。这种影响和冲击，是立竿见影的，是具有现实性的。

一、人工智能与数字货币

人工智能，作为一种"领头雁"技术、颠覆性技术，具有极强的渗透性和通用性。也就是说，人工智能技术作为一种通用的、解决问题的分析框架，可应用于各个学科，同时因为它具有非常强大的数据处理能力、智能泛化学习能力，可以较为容易地在医疗、交通、能源、金融、航天等不同领域、不同行业迅速找到具体应用场景，而且为那些具有数据密集型特点的行业持续赋能、降本增效。

人工智能技术目前已经成为助力数字经济与金融行业发展的重要新质生产力。作为数字经济与金融的新形态，数字货币及以区块链技术为基座的虚拟数字资产，也具有数据密集型、信息密集型特点。因此，数字货币及其衍生物与人工智能融合发展也并不奇怪。

（一）人工智能发展简史

"人工智能"（Artificial Intelligence，AI）一词源于1956年夏天在美国达特茅斯大学举行的一次学术会议。这次会议由麻省理工学院教授约翰·麦卡锡（John McCarthy）等人发起，被视为人工智能研究的起点。人工智能的发展经历了三起三落，当前被认为是第四次复兴。2016年，AlphaGo以4比1战胜韩国围棋棋手李世石，这标志着此次人工智能浪潮的兴起。AlphaGo背后的深度学习和强化学习理论虽然诞生已有半个世纪，但直到AlphaGo的成功才被广泛认可。深度学习源自神经网络理论。该理论的发展极为曲折，直到2006年，多伦多大学的杰弗里·辛顿（Geoffrey Hinton）教授在《科学》（Science）上发表了关于深度学习的文章，才掀起了研究热潮。2009年，辛顿的学生利用多层神经网络在语音识别领域取得成功，使得深度学习模型开始大放异彩。2012年，辛顿的另外两名学生设计的AlexNet在ImageNet ILSVRC-2012比赛中脱颖而出，证明在GPU上训练深度神经网络模型可以显著提升图像识别任务的性能。这一成就推动了人工智能深度学习开源算法框架的发展，也推动了高性能人工智能芯片的发展，使人工智能研究迅速进入快车道。

（二）人工智能研究领域现状

人工智能涵盖许多不同的研究领域和应用领域，其影响范围从基础研究到商业应用。

1. 机器学习

机器学习（Machine Learning）是人工智能的一个重要分支，该领域主要研究如何设计和构建能够自动学习的算法和模型，使计算机具有从数据中学习并取得经验的能力。① 主要研究分支领域包括监督学习、无监督学习、强化学习、核学习、流行（manifold）学习和深度学习等。目前，深度学习被认为是机器学习的重要分支，其他常见的机器学习算法有支持向量机、期望最大值算法、Logistic 回归、随机森林模型、Ada-Boost、LDA（隐狄利克雷分配）等。机器学习理论算法广泛应用于图像识别、语音识别、自然语言处理等领域。

2. 自然语言处理

自然语言处理（natural language processing，NLP）是机器学习和人工智能的重要应用领域，旨在使计算机能够理解、解释和生成人类语言。研究包括文本分析、语义理解、情感分析等方面。NLP 的应用广泛，已在搜索引擎、智能助手、智能翻译等领域得到广泛应用。

3. 计算机视觉

计算机视觉（computer vision）是人工智能的重要分支，研究如何使计算机理解和分析图像与视频。研究包括目标检测、图像识别、图像生成、模式识别等方面，应用领域涉及无人驾驶、医疗影像识别、安防监控等。

4. 强化学习

强化学习（reinforcement learning）是基于奖励（或效用函数）机制的人工智能研究方法，通过智能体与环境交互，优化智能体行为。② 该研究方向包括多智能体系统、复杂决策问题

---

① 周志华：《机器学习》，清华大学出版社 2016 年版。
② Sutton R，Barto A，*Reinforcement learning*：*An introduction*，A Bradford Book（2018）.

等，已广泛应用于自动驾驶、智能游戏等领域。也有学者将强化学习视为机器学习的一个分支，但也有学者认为机器学习主要包括监督学习和无监督学习等统计学习方法，而强化学习背后的数学理论与统计方法差别较大，因此在很长一段时间里，强化学习游离于机器学习的主流圈外，直到 2016 年 AlphaGo 横空出世。AlphaGo 是基于深度学习和强化学习深入融合的产物。值得一提的是，强化学习背后的数学理论与宏观经济学、工程控制学中的主流模型一脉相承。该研究方法未来可在多个跨学科、跨产业领域找到更多应用场景和落地案例。

5. 可解释人工智能

可解释人工智能（explainable AI，XAI）研究旨在使人工智能系统的决策过程能够被理解和解释，提高人们对人工智能系统的信任和透明度。一直以来，人工智能，尤其是深度学习领域，在解释性和预测性上，往往倾向于关注预测性而忽略解释性，导致人工智能系统往往具有"黑箱"特性，随着人工智能算力设备的计算能力的不断提升，人工智能模型的结构越来越负责，模型参数数量不断指数级增长，目前常规大语言模型已超过千亿级别参数量。这就使得人工智能模型系统变得越来越"黑箱"，模型结构与参数所代表的含义变得无法解释，为我们理解模型、改进模型带来巨大的苦难。因此 XAI 研究变得越来越重要，尤其是医疗、经济、金融等领域要求模型的可解释性较高，需要保证人工智能模型决策透明，行为参数和结构可解释。

6. 自动机器人与具身智能

自动机器人（autonomous robotics）研究旨在使机器人具备

自主感知、决策和行动的能力，应用于工业生产、服务机器人、高端制造等领域。该领域研究包括机器人路径规划、环境感知、人机协作等方面。与该研究近似的领域为具身智能（embodied AI），与自动机器人研究不同，具身智能更强调智能体与其他物理系统（如与人、其他机器体）及环境的交互和学习。具身智能更强调智能体本身，智能体本身可以被设置在元宇宙中，但模拟的智能体也需要具有实体。智能体能够通过实体进行学习、感知、决策、规划并执行任务。而自动机器人则有物体实物形态，存在于我们这个世界当中。自动机器人的行为主要还是利用工程师事先预设好的编程指令对周围环境作出反应，因此自动机器人可能在交互能力上，相较于具身智能，较有欠缺。在学习能力上，自动机器人的学习能力是预设的，而具身智能强调与周围环境和其他智能的交互，因此具身智能可以利用交互信息进行学习。当然，从事相关领域的学者和工程师也不会将二者严格区分，往往会兼顾两者进行研究。自动机器人目前主要应用于工业生产线、家用扫地机器人等领域。具身智能主要应用于自动驾驶、人形机器人（如美国特斯拉公司研发的擎天柱人形机器人）。

7. 智能金融

智能金融（smart finance），有时也被称为数智金融（digitalized intelligence finance），是金融科技与人工智能高度融合的产物。智能金融通过人工智能技术手段，解决金融相关问题，主要包括资产定价、公司金融、风险管理、财富管理、银行管理、保险欺诈识别、证券投资、金融安全等。智能金融还可以指利用人工智能技术打造的可与环境交互的、利用数据学习的、能处理复杂金融问题的智能系统，主要采用的人工智能技术包括但不限于深度学习、大语言模型、强化学习等。此外，智能金融系统还应具有良好的可扩展性，可兼容区块链、量子技术等前沿技术。

（三）人工智能对数字货币发展的影响

1. 人工智能与金融科技的关系

此轮科技浪潮虽然迅猛，但金融的本质和经济运行的规律始终没有改变。金融是"骨"，科技是"翼"，科技在推动金融行业发展、增加经济社会福祉的同时，也在不断渗透金融产业。数字货币这一概念与区块链技术密不可分，而区块链技术本质上来自于分布式计算。

为了展现科技与金融的相互促进关系，我们需要回顾西方金融业过去四十余年的发展脉络。[①] 当前，全球金融科技化进程加速，欧美金融科技发展进入 3.0 时代。在 20 世纪 90 年代初期，金融自由化浪潮席卷全球，金融机构为了满足客户需求，开始大量招募具有数学、物理背景的高学历人才，这些金融从业人员被称为金融工程师（financial engineers），金融工程学（financial engineering，FE）诞生。随着金融创新环境宽松，金融工程师主要利用数理知识为客户量身定制金融产品，这是金融科技的 1.0 时代。

2008 年全球金融危机爆发后，金融产品创新的监管日益趋紧，套利型创新金融产品需求迅速收缩，金融科技 1.0 时代的金融工程师们纷纷下岗。随着互联网 IT 技术的兴起，金融业

[①] 余颖丰：《基本无害的量化金融学》，首都经济贸易大学出版社 2019 年版。

成为数据密集型行业，计算机与统计专家们开始利用大数据和高性能计算设备，结合统计分析进行投资，这标志着金融科技进入2.0时代。

2016年，随着AlphaGo横空出世，以深度学习模型为代表的新兴人工智能技术迅速崛起。其产业化和商业化模式逐步成熟并已广泛地应用于无人驾驶、医疗健康、城市安全、金融服务等领域，融入人们生活的方方面面。

以人工智能在金融服务业的应用为例，大量人工智能元素进入金融产业的支付、定价、估值、风险管理、投资、产品设计、业务环节和流程管理等各个环节，区块链技术的崛起进一步加速了金融产业科技化程度的提升，金融科技进入3.0时代。

由此可见，当下金融科技的内涵和外延都深受人工智能的影响。人工智能作为"领头雁"技术，本身就具有极强的通用性，这导致人工智能技术具有"万灵药"的特性。目前，人工智能已经深入渗透到金融行业的各个细分领域，在银行、保险、借贷、支付与金融市场都有广泛应用。

当然，随着量子计算、元宇宙及Web3.0的逐步成熟，这些新技术是否会再催化当下的金融科技向4.0版本进化，我们不得而知，但值得拭目以待。

2. 人工智能与数字货币技术的关系

区块链技术的发展与人工智能技术之间有极强的协同促进关系。涉及数字货币的概念本身就绕不过区块链技术、分布式账本及央行数字货币等概念，而这些技术又和人工智能有着千丝万缕的联系。

（1）人工智能与区块链技术。人工智能和区块链技术是互相促进的关系，区块链技术可以保证人工智能系统运行在更高效、安全和可信赖的环境中，而人工智能技术能保证基于区块链技术开发的数字货币或虚拟数字资产项目有更高效的数据处理和管理方式。利用"AI＋区块链"的技术底座，一定能为各行各业的创新和发展持续赋能，为数字经济和社会发展带来新的机遇。

第一，区块链技术可以帮助人工智能算法开发团队进行知识产权保护和软件著作权确权。尤其是在全球算法开源的大背景下，区块链技术在帮助人工智能算法团队研发的算法进行确权保护方面，能发挥重要作用。目前，全球主流人工智能系统、算法框架及云计算服务，大多是由开源社区所贡献。类似的开源模式在其他领域的算法框架和工具链开发过程中也有体现，例如 TensorFlow、PyTorch、MXNet 分别是由谷歌（Google）、脸书（Facebook）和亚马逊（Amazon）主导开发的全球三大深度学习开源框架。在开源社区，这些算法与软件的核心思想或理论均可以通过相应的论文发表。这也催生了全球的计算机科学领域学术顶尖会议（如 AAAI、NeurIPS、ICLR、ICML 等）的迅猛发展。计算机领域的科研团队大多使用开源的模式推广他们的研发成果。这种开源模式的好处在于能够帮助研发团队迅速占领市场，加快他们的论文发表进度，增加成果复现的概率，更容易获得投资方的信任。但由于成果开源，导致核心原理被公开，技术"护城河"水平降低，容易被其他团队复制和侵权。区块链技术利用其可溯源性、去中心化特性可以确保算法信息的透明性和不可篡改性，除了增加人工智能算法的可信度和准确性外，也帮助算法作者确权。由此可见，区块链技术可以促进人工智能产业的发展，为人工智能算法治理作出贡献。

第二，人工智能和区块链技术的结合还可以推动智能合约的发展。智能合约是基于区块链的自动执行合约，目前科研人员认为可以通过人工智能技术，使智能合约实现更复杂的逻辑部署条件。一般而言，当下的智能合约仅能表达简单的业务逻辑，如果想要部署更为复杂的业务逻辑，就要求合约在对相关人行为引导时异常精细。主流观点认为，需要通过人工智能技术与智能合约的结合来解决智能合约的复杂逻辑部署问题。

第三，区块链技术可以为人工智能模型提供经济激励。区块链技术已经帮助了大量虚拟数字资产项目落地，由于区块链技术的可溯源性和去中心性，使得人工智能模型系统可以安装、运行、部署在可信环境中，撇开监管因素，参与人工智能项目的合作者们可利用区块链技术探讨开发社区内可接受的共识机制，进而寻求一种合理的激励共识，使得我们可以利用经济手段，激励社区研发者优化整个人工智能系统。如果将这种人工系统引入央行数字货币机制，应可以为国产产业基金寻觅前沿科技人才（创业团队）找到识别机制。因为长期为该系统贡献代码、解决方案的人才都会因为区块链技术而留痕，而对这些技术留痕数据进行收集、整理、识别，可以定位优秀人才和团队。

第四，人工智能技术为提升区块链效率作贡献。人工智能技术主要通过数据进行学习，对复杂数据中的隐含结构和隐含参数有较好的学习能力。在区块链技术的使用过程中已沉淀了大量数据，人工智能技术利用这些数据沉淀应能改进区块链技术的相关环节，优化数据的流通、收集、管理流程。此外，借助人工智能技术，通过预判欺诈、身份验证、异常交易模式识别等手段，可以帮助数字货币及基于区块链的虚拟数字资产项目提升安全管理环境。

（2）人工智能与隐私计算。数据是数字经济时代重要的新质生产要素，而数据的安全与隐私保护一直是困扰数据产业发展的核心问题。为了实现数据可用而不可见，近年来，隐私计算技术引起了各界的高度关注。

隐私计算是一种技术愿景。该愿景拟在数据权不转移的前提下，实现数据与数据信息之间的有效共享简洁化，该愿景拟实现数据的可用而不可见，既保护数据的隐私，也不用采用传统数据直接传输、拷贝的方法，于是也就不会将数据的所有权从所有者向使用者转移。目前较为成熟的隐私计算有经典加密技术、差分隐私技术、多方安全计算技术、可搜索加密技术、联邦学习等。数字货币的核心技术保证了数据信息的可溯源性、不可篡改性，使数据的全生命周期非常透明，也可保证数据的共享安全。由此可见，隐私技术与数字货币的核心技术之间有共同的目标和理念，二者同向而行是一种必然。

特别值得一提的是，隐私计算中的联邦学习本质上也是一种人工智能技术，因此隐私计算、区块链及人工智能都可以彼此结合发展，共同促进。

隐私计算目前已开始嵌入数字货币项目中，因为该技术可以与区块链技术形成协作。区块链项目利用该技术可以实现可用而不可见进而获得更多信息，再利用这些信息，结合人工智能技术进行学习优化系统本身。隐私计算技术往往能保护用户的数据隐私，并在数据共享和计算中实现隐私与效用的平衡，改进数据管理和评估模式。因此，该技术的引入能促进整个项目的数据合规管理流程，使整个数字货币系统可释放更多经济价值。

3. 人工智能助力央行数字货币发展

人工智能可以在反欺诈、风险管理、用户体验和数据分析等方面助力央行数字货币的发展。通过分析大量的交易数据和用户行为模式，人工智能可以识别潜在的欺诈行为和洗钱活动，帮助央行确保数字货币的安全性和合规性。此外，人工智能也可以提供智能的风险管理和监测能力，提高央行对数字货币交易的实时监控和分析能力，及时发现异常交易和风险事件。人工智能还可以提供个性化的金融服务和用户体验，通过分析用户的交易和消费行为，提供个性化的推荐和建议，提高数字货币的使用便利性和用户满意度。人工智能的计算能力还可以加快数字货币交易和结算的速度，提高整体效率。生成式人工智能服务使客户获得更智能化的交互服务，使智能投顾、智能客服服务全面升级。人工智能可以提供高效的数据分析和预测能力，帮助央行作出更准确的货币政策决策。

4. 人工智能对虚拟数字资产的影响

人工智能与虚拟数字资产之间存在互相促进的关系。人工智能在大数据的处理、理解和预测方面有极强的优势。一旦数据形成规模，形成了数据沉淀，并最终形成了"数据池"。"数据池"能为人工智能的算法和模型提供学习的养料，人工智能就可以在预测等领域大展拳脚。因此，人工智能技术可以应用于虚拟数字资产价格走势的预测、风险管理、定价和估值等方面。

二、量子技术与数字货币

（一）什么是量子技术

量子技术是新一轮科技革命和产业变革的前沿领域，属于国家重点支持的战略新兴技术。量子技术虽然离大规模商业应用仍有较长的路要走，但是各国都在积极尝试和探索推动量子技术发展。此外，量子技术的发展也将影响数字货币的发展。

量子技术基于量子力学原理充分利用量子态的叠加和量子纠缠等特性来开发新的技术和应用。量子技术主要包括量子计算、量子通信、量子加密和量子测量等，能够在数据处理、信息传输和测量精度方面提供超越经典技术的能力。[①]

近年来，各大科技公司和研究机构纷纷投入大量人力物力到量子技术的研究中，虽然困难重重，但都致力于推动商业化应用，因为再好的技术都需要有现实场景作为支撑，都需要找到"新场景"落地新技术，只有理论结合实际，实践指导实验室科研人员研发，形成这样的良性循环，才能使得前沿技术进入发展的快车道。在量子通信与量子加密方面，2020年我国墨子号卫星在国际上首次实现千公里级基于纠缠的量子密钥分发。该科研成果还成功登上了《科学》杂志封面，媒体也对此作了大量报道，表明量子通信的商业化时代正逐步到来。在量子计算领域，2023年谷歌宣称利用量子计算机在6秒内完成世

[①] Nielsen M. A., Chuang I. L. *Quantum computation and quantum information*, Cambridge University Press (2010).

界最先进计算机47年才能完成的计算工作；2023年我国第三代自主超导量子计算机"本源悟空"上线运行，该超导量子计算机搭载72位自主超导量子芯片"悟空芯"。

（二）量子计算的基本原理

量子计算根植于量子力学。量子计算是一种利用量子比特（qubit）及其叠加和纠缠特性来进行计算的技术。它通过量子算法能够解决某些经典计算机难以高效解决的问题，如大规模因数分解和复杂模拟。量子计算有潜力显著提高计算速度和处理能力。主要应用领域包括药物发现和化学模拟、优化问题研究、金融服务业、人工智能与机器学习、材料科学、气候建模和环境科学，此外还可与量子通信、量子加密、量子网络、量子测量形成联动。

量子计算作为颠覆性科学技术，关乎国家在计算科学领域的全球话语权和竞争优势。金融是建立在信任基础上的产业，量子计算具有经典计算设备无法匹敌的能力，给现有数字货币体系发展带来严峻挑战。

量子计算机利用量子的叠加和纠缠特性处理特殊或共性计算问题。与经典计算机不同，量子计算机的基本单位是量子比特，可以同时表示0和1（或二者的某种组合）。量子计算借鉴经典计算设计思路，构建了基础的量子逻辑门，但因量子的特性，量子逻辑门与经典逻辑门差距甚远。

量子计算给数字货币行业带来深远影响，涵盖转型过程、安全性、隐私保护及区块链技术应用等。量子计算的高效性和强大的计算能力将加快数字货币交易和结算速度，现有数字货币体系需升级到量子版本。量子计算的出现动摇了现有数字货币和区块链技术的安全基础，各国政府需提前研判量子计算产业成熟时间，储备量子计算人才，重点发展量子密码学。量子计算为现有金融体系带来潜在的隐私侵犯风险，使破解现有经典加密信息成为可能，影响数字货币用户的隐私保护安全，金融机构需及早研发隐私保护技术和协议，确保未来的金融安全。

（三）量子加密技术对经典加密体系冲击巨大

我们需要重点关注量子加密技术，因为该技术的成熟会对现有加密体系，即经典加密体系，造成颠覆性影响。

量子加密指的是利用量子力学原理进行信息加密的技术，其核心优势在于其提供的安全性。最著名的量子加密应用领域是量子密钥分发（QKD），其利用量子态的不可克隆性和测不准原理来确保密钥传输的安全。通过量子密钥分发，只要有第三方试图窃取或监听密钥，就会干扰量子态，从而被通信双方发现，进而确保了密钥的绝对安全。

量子加密、量子计算等量子技术往往会形成合力，对经典加密系统产生颠覆影响。

安全威胁无法忽视。"先存储，后解密"的现实风险已经出现。"先存储，后解密"主要指：别有用心的组织或机构利用黑客技术，事先将加密的信息保存下来（虽然当下的计算机无法破解加密信息，但是可以先存储），然后等待量子计算技术成熟后再进行解密。这对长周期信息危害最大。长周期信息指长时间内有效、有用的信息，如生物特征信息、军事情报信息。

当下，我们仍然受限于实物量子计算机的计算能力，仅能控制较少数量的量子比特，导致实体量子计算还不足以大规模破解经典加密体系。随着量子计算技术的不断发展，量子计算颠覆现有加密体系仅是时间问题。

目前西方发达国家的共识是 Q-Day 迟早会来临。Q-Day 指量子计算机发展到足以破解线性加密技术的时刻。

量子技术对经典加密体系的影响最为直接，西方发达经济体已意识到这种影响带来的、严重的连锁反应，以及必须面对的现实风险，并称其为"后量子加密（Post Quantum Cryptography，PQC）时代"，也有学者将其翻译为抗量子密码时代。无论如何翻译，这都说明量子技术的现实风险已经形成。简而言之，西方发达国家创立 Q-Day、"后量子加密时代"这些概念，足以说明他们对现实和未来的担忧，当然也说明他们对量子技术发展的重视。

事物的发展都具有两面性。量子技术虽然对经典加密体系带来颠覆性挑战，但我们也需要认识到量子加密技术的优越性。以量子密钥分发技术为例，它能够在理论上实现无条件的安全，这对未来的数据保护至关重要。

（四）什么是量子通信

量子通信有别于当下使用的通信，我们把当下使用的通信技术与理论称为经典通信。量子通信是充分利用亚原子的量子叠加、量子纠缠特性，以及量子信息的不可克隆定理（No-cloning theorem），构建比经典通信更为安全、高效的通信环境。量子通信利用量子力学原理，试图超越经典通信在某些技术维度上的极限。目前从理论和实验室验证结果来看，量子通信可提供比经典通信更高的安全性。

我们简单解释一下，为何量子通信具有更高的安全性。量子通信主要依靠不可克隆定理实现了量子隐形传态（Quantum teleportation，或翻译为量子遥传、量子隐形传输、量子隐形传送）。不可克隆定理指无法构造一个物理过程精准复制一个未知量子状态。该定理在量子信息学中非常重要，它限制了量子信息处理中的一些能力（相较于经典信息处理中非常容易），例如信息的复制、存储和传输。不可克隆定理虽然限制了一些能力，但是也为密钥分发研究带来量子优越的能力。如前文所述，量子密钥分发相较于传态经典技术优势明显，量子密钥分发利用量子态的不可克隆性和测量不确定性来确保密钥传输的安全，随机密钥的生成也是利用量子物理特性得以生成真正的"随机"。

目前，经典的随机数生成方法依赖于数学算法，因此本质是一种"伪随机"。使用量子密钥分发可以确保密钥的绝对安全，即使在有第三方试图窃取或监听密钥的环境中，也可以保证绝对安全，因为窃取或窃听会干扰量子态，从而被通信双方发现。

当然，作为前沿科技，量子通信仍然存在大量理论和工程实践问题没有解决。目前较为成熟的量子通信需要和量子密钥分发联合使用，利用量子密钥分发技术可以在理论上实现绝对安全的加密通信。当下，普遍的共识是：量子通信可应用在以下领域：金融服务业、国防和军事、政府与公共安全、医疗和生命科学、能源与基础设施及新一代 Web，即量子互联网。

（五）量子技术对数字货币的影响

目前，我们几乎可以触手可及的三大量子技术分别是量子计算、量子加密和量子通信，它们对数字货币发展的影响极为深远。因为数字货币、区块链技术都是严重依赖密码学的领域，而量子技术对经典加密技术是具有颠覆性的。量子技术对数字货币的发展具有深远的影响，主要体现在以下七个方面。

第一，对现有加密的安全影响。数字货币离不开加密技术，这些加密技术仅能保证在量子技术还不够成熟的时期相对安全。如果量子技术一旦成熟，目前的经典加密技术不能够作为数字货币或其他虚拟数字资产项目的基座，目前我们采取的经典加密技术主要是使用 RSA 这种非对称加密技术。从央行的角度，应采取前瞻性规划，对现有货币体系及数字货币体系的项目进行加密技术安全性评估、脆弱性评估，开发量子抗性加密算法，如格基密码学，以确保数字货币系统的长期安全，并逐步过渡到量子安全的加密方案。

第二，密钥管理和通信安全。密钥管理是实现数字货币或虚拟数字资产项目中不可或缺的一环，而数字货币本质上就是具有网络性的，而且采取多点模式，这就更需要保证信息共享网络的安全，尤其是在密钥分发过程中的安全，随着量子技术的逐步成熟，各国都在加紧进行量子密钥分发系统的商业化、产业化实践，利用量子信息的不可克隆性原理可知，采用量子密钥分发技术并结合经典通信技术，可以提高网络的保密性和安全性，确保交易和数据传输的安全登记，进而增强数字交易的安全性。我们期待见到更多的全球央行及金融机构采用量子密钥分发系统开展"量子时代新金融"的实践和尝试。

第三，量子技术的发展促进新共识机制的产生。以比特币的 PoW 机制为例，该机制要求参与者进行密码解密，而这些需破解的密码算法皆是采用经典密码技术。随着量子计算的逐步成熟，利用量子算法破解经典加密体系应易如反掌，那么这就将导致 PoW 机制失效。如果利用量子计算、量子网络的特性，那么现有交易验证过程也会发生改变。目前已有一些学者开始担忧：在量子计算技术成熟之前，是否需要提前考虑如何提升现有区块链技术的效率和扩展性，以避免在量子技术成熟后，现有的（或近期规划的）数字货币体系变得过时或充斥各种脆弱性。总而言之，我们不能将数字货币体系建立在沙土地基之上，现有数字货币体系需能抵抗量子技术浪潮的冲击。量子技术应是推动区块链技术、共识机制等技术的动力。

第四，量子技术挑战金融网络安全和防御能力。量子网络技术，也属于量子技术，只是量子网络技术，目前距离商业化应用还非常遥远，有大量的理论、实验室验证、工程实践落地问题尚无法解决。但是，如果量子网络技术一旦成熟，它是可以用于增强央行数字货币系统的网络安全，防止网络攻击和数据篡改的。因此，当下，央行应积极作为，首先，必须有未来视野，为保障央行数字货币系统免受潜在的量子计算攻击，可以考虑加大力度开发量子防御机制；其次，需建立持续科学的安全监控和评估机制，确保央行数字货币系统在量子技术进步背景下始终保持安全和稳定；最后，数字货币系统在安全、性能、人才、资金和政策保障方面，皆需作出前瞻性的规划，以确保央行的科技水平和量子技术发展保持同步或适当超前于量子技术的发展。

第五，量子计算或可全面赋能、改进甚至升级当下数字货币技术。事物都具有两面性，我们不应仅看到量子技术对数字货币系统的挑战，也可以借助量子的特殊性，创新当下数字货币技术。在智能合约方面，量子计算对智能合约的具体影响目前未知，央行可以考虑并设计应用量子技术的智能合约协议；在区块链技术方面，量子算法可能用于提高区块链数据分析和分布式记账效率，进而提升系统性能和能源使用效率。

第六，量子技术的发展注定影响央行数字货币的政策和法规框架，包括安全标准、隐私保护和合规要求。我国教育体系应提前布局、升级货币银行学课程，除了开设数字货币学课程外，还应加入量子信息技术与经济金融等跨学科知识，为央行输送专业人才。央行应与综合型高校、科研院所加快跨学科合作，长期持续关注量子技术的发展，及时更新央行数字货币的政策和法规，并积极参与国际标准化规则的制定和合作，尤其是量子加密、量子安全、量子计算、量子通信、量子网络领域的金融标准化建设，确保央行数字货币政策与全球量子技术发展保持一致，避免现有央行数字货币无法应对量子科技浪潮的冲击。

第七，量子技术改变现有金融研究范式，进而改变数字货币研究现状。数字货币研究水平高低决定数字货币发展的快慢。如果整个金融生态被量子技术改变，那么数字货币，肯定也无法独善其身，因为数字货币是金融生态圈中的一环，是金融的一个子集。我们在这里列举了一些最容易被量子技术，尤其是量子计算所影响的金融研究领域。这些研究领域包括资产定价、投资组合、风险管理、金融经济计量学。这些领域，尤其是资产定价、投资组合和风险管理，都与数字货币的发展息息相关。

三、Web3.0与数字货币

目前的普遍共识认为，全球互联网经历了两次重大迭代。

根据维基百科的介绍，从 1989 年到 2004 年是 Web1.0 时代，这一时代的万维网主要具备"可读"功能，网页多以静态形式呈现。早期的电商网站将网页视为发布商品信息的渠道，不强调与用户的互动。随着论坛、微博、博客、维基百科等具有社交媒体和内容生产属性的网站兴起，人类进入 Web2.0 时代。维基百科认为 2004 年是一个重要节点，人类在这一年迈入 Web2.0 时代，Web2.0 一直持续到当下。

为了避免 Web3.0 过度概念化，也为了避免空洞的商业炒作，我们在发展 Web3.0 时，首先需要认识到需要为 Web3.0 装入独特的要件，而且这些要件，都必须是未曾出现在 Web1.0 和 Web2.0 时代的。为了使 Web3.0 确实从本质上有别于 Web2.0，引入的要件包括区块链、共识机制等前沿信息技术或愿景。这些技术必须作为新一代互联网的底座，那么引入这些要件是一种选择还是必须呢？如果可以选择，那么 Web3.0 就名不副实，充其量为"Web2.0+"或"Web2.0 加强版"。为何有学者和政府始终支持发展 Web3.0 呢？主要是因为借助区块链等技术可以解决当下全球经济金融发展过程中出现的一些在 Web1.0、Web2.0 时代解决不了的问题。

目前全球正在形成以央行为主导的数字货币发展新形态，利用全球互联网正在升级改造的重要换挡期、历史发展的机遇期，央行可以和本国或国际相关的工业与信息化机构通力合作，在打造 Web3.0 时，通过区块链、共识机制、分布式账本等技术，将货币与金融等经济要素直接嵌入互联网的基础层、平台层和应用层。这种经济要素与互联网联动的模式，是在 Web1.0 和 Web2.0 时代从未出现过的，这也就是我们认为

Web3.0是时代之必要需求，而非单纯的商业概念炒作。

当下全球主要的几大虚拟数字资产项目（如比特币、以太币、稳定币等），普遍存在过度虚拟化、经济价值不明确、价格波动风险严重、逃税与洗钱等弊端。大量的虚拟数字资产项目仍处于全球监管真空中，而全球虚拟数字资产的总体规模却越来越大。各国监管部门不得不直面这些历史遗留问题，而这些遗留问题已经开始带来现实风险。

这类问题和现实风险如何妥善解决，能否缓释呢？我们希望能利用在互联网重构的机遇期，在推出Web3.0的当下，在央行数字货币的框架范畴内，对历史遗留问题进行探索式的改革。例如当下一些货币当局，利用诸如现实世界资产代币化（RWA）、央行多边货币桥等模式的探索，值得关注。这些探索利用数字经济与金融的商业合作新模式或可以避免虚拟数字资产过度虚拟化、难以经济价值定量等问题。当然，目前这种金融与商业模式还处于初级阶段，这应是我们需要发展Web3.0的另一个原因。

|延伸阅读|

什么是RWA？

现实世界资产代币化（Real World Assets-tokenization, RWA）是当下货币当局与金融机构正在探索的新型数字金融商业模式。这种模式的特点是：在真实世界下的传统金融资产与数字货币或虚拟数字资产进行关联。也就是说，这种模式试图通过RWA模式，让数字货币或虚拟数字资产，锚定现实世界的传统金融资产。

（一）Web3.0 的基本概念和特征

1. Web3.0 的基本概念

Web3.0，也被称为分布式网络或语义网，与 Web1.0 的静态页面和 Web2.0 的用户生成内容不同，Web3.0 旨在通过去中心化、智能合约和区块链技术，实现数据的真正自主和去中心化管理。Web3.0 的核心理念是将权力和控制权从中心化的机构和平台转移到用户手中，赋予用户更多的控制权和隐私保护。

2. Web3.0 的主要特征

Web3.0 有以下七个主要特征。

（1）分布式网络是 Web3.0 的内禀属性。Web3.0 将建立在分布式网络之上，分布式属性将嵌入 Web3.0 的基础设计中，并成为 Web3.0 的一种基础内禀属性。这意味着信息将存储在许多节点上，而不是集中在一个中心服务器上。这种去中心化的特征保证了更高的安全性和可靠性。

（2）区块链技术是 Web3.0 的 DNA 主要遗传物质。在 Web3.0 之前的互联网模式，区块链技术显然不在互联网的基本属性之列，而 Web3.0 时代，区块链技术则被视为应刻入互联网的 DNA 中。也就是说，在 Web3.0 时代，互联网的数据记忆性是内生的、可溯源的，而且 Web3.0 时代的互联网从业者无论从数据的安全角度、客户的信息隐私角度还是从为企业创造经济价值的角度，都应最大化地发挥区块链的技术优势。此外，我们也需要说明：当下 Web2.0 体系下并非不能实现区块链技术驱动的数字项目，但在 Web2.0 下推动区块链项目，属于是在有缺陷的体系下的修修补补，尤其是如果要持续深化区块链项目的延展功能（如智能合约功能、DApps 等），Web2.0 难以满足需求。因此，与其修修补补，不如"毁灭性创造"，在 Web3.0 这片新"大陆"上播下区块链技术的种子。

|延伸阅读|

什么是"毁灭性创造"？

"毁灭性创造"是著名美国籍奥地利经济学家约瑟夫·熊彼得（Joseph A. Schumpeter，1883—1950 年）最有名的观点。该观点也是现代企业家理论和经济周期理论的基础，熊彼得所认为的"毁灭性创造"是指：某种新技术带来的大规模的创新，往往必须要求旧的技术与生产关系被淘汰。修修补补大概率是行不通的，新技术必将带来新的生产体系的建立，只有在新的体系下才能孕育更多的创新。

（3）智能合约是 Web3.0 内嵌的基本功能。智能合约是 Web3.0 的另一个重要特征，它是一种以编程方式定义和自动执行合约的协议。智能合约可以自动执行并应用于各种场景，主要的应用场景包括（但不限于）金融交易、供应链管理等。

（4）去中心化应用（DApps）无处不在。去中心化的理念已嵌入 Web3.0 的基础层设计中，这就有别于 Web2.0 时代，数字货币或虚拟资产项目为实现去中心化采取的是"一事一议"的策略，是在 Web2.0 的基础层架构上的修修补补，因为 Web2.0 并不自带去中心化的功能。由于 Web3.0 的基础层具有去中心化功能，则基于平台层、应用层的开发，自然就会涌现出大量去中心化应用（DApps），开发者可以直接使用区块链、去中心化的特性进行开发，而不用再为实现去中心化功能重头开发，这就为开发者节省了大量的时间和精力，可以使得开发者将主要精力花在实现业务功能、满足客户需求上。

（5）人工智能技术与Web3.0浑然天成。人工智能技术与分布式网络结合在一起后，可为Web3.0环境中的用户提供更智能、更个性化的服务。Web2.0时代的基础层主要以CPU同构计算架构为主，这种架构难以满足当下互联网发展的需求，尤其是近年来随着GPT等生成式人工智能应用的全面普及。现有互联网架构难以适应由于AIGC等前沿技术突破带来的新型应用需求（如PPT、图表、报告自动生成的办公需求以及文字生成视频等影视制作、娱乐需求）。而Web3.0的基础层能适应生成式人工智能技术的要求，因为它的基础层会采取GPU+CPU等多计算模式融合模式，会构建在异构式计算基础之上，用户在Web3.0时代会有更逼真的体验，得到更个性化的服务（如更智能化的推荐系统）、更具象化的交互体验（如智能型语音对话机器人）。

（6）Web3.0在数据隐私和安全性方面全面升级。Web3.0吸收了区块链、人工智能、智能合约、隐私计算等技术和功能后，能实现Web2.0无法实现的、更高安全保护能力。Web2.0设计之初，用户的数据隐私和安全性要求远没有当今时代那么重要，因此在Web2.0体系下，安全问题始终是原生问题，难以从根本上得到解决。原则上而言，Web3.0可以更好地确保用户的个人信息安全，并保护用户免受数据泄露和滥用的风险。

（7）Web3.0是从"去中心化"到"去中介化"的进步。Web3.0通过区块链技术实现网络的去中心化，这和当下的区块链项目有很大的不同。当下的去中心化项目往往是在Web2.0网络基础上的修修补补，而借助Web3.0的兴起，我们可以在源头即嵌入区块链等技术以保障Web3.0具有去中心化功能。去中心化将使用户不再依赖第三方机构，可以直接与对方进行交易和交互。值得一提的是，我们需要借此机会纠正一种长期以来存在的认识误区：去中心化是对央行最大的威胁。其实去中心化最多威胁到的是商业银行、证券公司、基金等金融机构，而央行可与去中心化和谐共存。以Web3.0为代表的去中心化互联网将使金融中介面临去中介化风险，金融机构在金融整体生态中的地位受到挑战。金融机构应积极拥抱区块链、智能合约等前沿信息技术，从自身找问题，增强机构自身科技水平，优化业务运营、管理、资产处置、交易各流程效率，积极加强与央行的合作，尝试开展诸如RWA等创新项目，减少信息不对称，增加信息透明度。否则金融中介会随着央行数字货币越来越普及和成熟，面临被排斥在央行与用户之外进而迷失自身定位的风险。

（二）Web3.0对数字货币的影响

央行数字货币作为数字货币的一种，具备更高的安全性和透明度，而Web3.0的特性可以进一步强化央行数字货币的优势，并为整个数字经济体系提供更多的创新与发展机遇。

Web3.0与数字货币之间的关系可以概括为以下四个方面。

第一，Web3.0提供了更大程度的分布式经济系统解决方案。Web3.0基于区块链技术、分布式计算，实现了更可信、智能的互联网应用，这与央行数字货币的本质相符。分布式的央行数字货币能够减少金融体系中的单点风险，并改善金融系统的稳定性。Web3.0是若干前沿新兴技术与愿景的集合体，这种具有广义使用目的的技术集合体具有宏观经济的乘数效应，也就是说，如果这种技术集合体每进步一个单位，它拉动整个GDP的效果一定超过一个单位比例，即倍增作用，而且具有乘数效应的宏观变量都能在经济系统中产生连锁反应。

第二，Web3.0提供了更高的安全性。Web3.0通过密码学技术和分布式账本确保了央行数字货币的安全性。分布式的交易系统能够防止数据篡改和欺诈行为，增加投资者和用户的信任度。

第三，"Web3.0＋央行数字货币"模式可深层次促进金融创新与发展，增加金融的包容性、普惠性、公平性。Web3.0为央行数字货币的创新和发展提供了更广阔的舞台。央行可以利用Web3.0的技术优势开展更多的金融实验，增加政策适用空间。Web3.0会为推动央行数字货币的进一步发展保驾护航，央行数字货币项目可以更多关注诸如跨境国际贸易等具体应用，而不用央行大规模动用技术人员从头进行区块链、分布式账本等技术的基础研发，因为这些技术都是内嵌于Web3.0的架构体系中的。Web3.0的智能合约技术可以使央行数字货币的交易更加高效和便捷，会进一步促进央行数字货币的普及率和使用范围，还可以减少中间环节和交易成本，提高金融服务的效率和可及性。

第四，Web3.0可促进数字货币的法规和政策进一步优化。Web3.0的扩展将促使监管机构制定新的数字货币相关法规，以适应去中心化、去中介化的经济时代的新挑战。这也将促进监管去适应Web3.0时代的到来，提高数字货币的合法性和普及率，逐步在监管与创新之间找到最大公约数。

（三）Web3.0 的挑战和未来发展

当然，我们也需认识到当下 Web3.0 与数字货币发展过程中可能遇到的风险和挑战。

第一，Web3.0 的发展将放大现有数字货币在金融、技术和社会层面的影响，有可能衍生出更多的数字虚拟资产、更多具有多种功能的资产类别。这种数量和功能上的增长都可能是指数级别的、爆炸式的，监管部门、专家智库是否做好了应对准备犹未可知。

第二，Web3.0 技术的应用与推广需要足够的时间和资源。大众的期望、投资人的期望可能被现实狠狠"打脸"，"耐心资本"也可能极难挨过严冬。例如，在 Web3.0 技术发展过程中，如果仍然遵循基础层、平台层与应用层的三层架构逻辑，那么为了实现分布式账本、去中心化等属性，则必须打造稳健可靠的、专属 Web3.0 的操作系统，而操作系统这种技术，兹事体大，牵一发动全身，目前在全球范围内仍然处于探索阶段。

第三，前面的讨论我们都未考虑量子技术因素。如果量子技术成熟，科研工作者及前沿企业是否会为我们带来量子存储、量子网络犹未可知。这些量子技术可能导致我们直接从 Web2.0 时代过渡到量子互联网时代，我们不妨姑且称之为 Web4.0 时代。Web3.0 项目在 Web4.0 时代自然是过时的，注定会带来大量 Web3.0 项目的下马，进而带来大量的经济损失，也等于是重复建设。

第四，Web3.0 可能与数字货币及虚拟数字资产项目产生风险叠加。Web3.0 是一个新生事物，这个概念本身及相关技术体系都在不断演进，未来技术选型、技术发展都受到大量不确定因素影响，而数字货币的发展也存在风险和不确定性，二者的不确定性叠加后，自然会给监管部门、学者、业界带来前所未有的研判难度。从央行数字货币角度分析，大量监管合规问题没有得到解决，实际落地过程充满挑战。

因此，我们需要辩证地看待 Web3.0。对于目前遇到的风险和挑战，最好的策略是：通过不断观察跟踪该领域发展的前沿，积极拥抱各种新技术、新观念，与数字货币及 Web3.0 一起成长。

四、元宇宙与数字货币

（一）初识元宇宙

元宇宙（Metaverse）是一个广义的概念，指的是一个集成的、沉浸式的虚拟环境，也可以视为一种依托虚拟现实技术实现经济与社会更高数字化水平的愿景与实践。在高度元宇宙化的经济与社会形态中，用户可以通过虚拟现实（VR）、增强现实（AR）沉浸式进入虚拟现实世界。在这个虚拟世界内，社会与经济运行依靠区块链等技术进行支撑，用户可以在元宇宙内实现交互、交流及内容创造。

元宇宙与 Web3.0 有着千丝万缕的联系，但是也有区别。Web3.0 代表互联网的未来架构，更聚焦基础层技术，会将诸如区块链、共识机制、分布式账本等技术嵌入基础层中。元宇宙则较为宏观，它在平台层尤其是应用层有更多的用武之地。当然，当我们谈及元宇宙，也不是说它就不涉及基础技术。元宇宙的核心特点包括虚拟世界的持久性、用户的沉浸感，以及开放性和互动性，尤其是为了实现和保持虚拟世界的持久性、用户沉浸感，企业和研究人员需要在虚拟设施（如 AR、VR）、虚拟技术（如游戏渲染引擎、图像处理芯片等）上下功夫。这些技术理论与工程实践还不成熟，仍然有很长的路要走。

（二）元宇宙的由来

"元宇宙"一词，最早来自于美国科幻作家尼尔·斯蒂芬森在 1992 年创作的科幻小说《雪崩》（*The Snow Crash*）。他在小说中描绘了一个人类与虚拟现实世界共存的未来场景。在这个未来场景中，人类利用电子信息技术创造出了一个虚拟仿真的数字世界，人类利用可穿戴设备将自己从现实世界投射到虚拟三维世界，作者将这个虚拟三维世界称为"元宇宙"，进入元宇宙的人类还可以在虚拟世界里面再开发自己的"数字虚拟人"，尼尔·斯蒂芬森还为这种数字分身提供了一个专门的名字——"阿凡达"（Avatar）。

随着科技的进步，《雪崩》中描述的场景正在逐步成为现实。此外，书中描述的科幻场景，如可穿戴设备、元宇宙、现实形象的虚拟投射等都深刻影响了后来的影视作品。这些影视作品还将书中描述的场景加以合理想象，通过特效技术更为具象和生动地呈现。值得一提的是，这些特效技术的发展间接地发展了元宇宙的 3D 建模与成像、虚拟渲染、虚拟制片等技术。

在现实生活中，随着网络与科技的发展，尤其是各种芯片科技的发展，特别是各种 VR、AR、SR（替代现实）及 MR（混合现实）的技术与设备的涌现，与元宇宙关联的其他行业受到投资人与消费市场的关注和重视，反过来也进一步促进了虚拟现实技术在各个产业的应用和发展。

当然，让全球正视元宇宙，并审慎思考元宇宙时代是否真正到来的标志性事件，还是2021年10月28日，美国最大的在线社区交流媒体平台脸书（Facebook）宣布将公司的母公司正式更名为Meta，即元宇宙。该更名决定是由其首席执行官、创始人马克·扎克伯格宣布的，扎克伯格还在当日表示公司将主要专注打造名为Metaverse的虚拟现实社交空间，他希望在不远的将来，人们可以通过可穿戴虚拟现实设备，进入这个虚拟社区，即元宇宙。随着脸书改名为Meta，全球看到了Meta致力于打造与物理世界相映射的数字虚拟世界的雄心壮志。

（三）元宇宙的主要应用领域

第一个领域是影视与游戏业。元宇宙致力于给虚拟现实游戏、虚拟演唱会和沉浸式体验在现有水平上带来质的飞跃。目前虚拟体验主要通过手机或电脑屏幕，用户体验还是停留在2D、2.5D或低渲染质量的3D水平。原则上而言，在人类全面进入元宇宙时代之前，我们需要有高质量、实时渲染3D的用户体验应用场景和案例。值得庆幸的是，我们离这样的时代越来越近。2024年8月底，我国首款3A级（大量的金钱、大量的资源、大量的时间）游戏《黑神话：悟空》呈现出如此丰富的3D渲染细节，展现角色流畅的动作，带给玩家影视级别的体验感，需要归功于《黑神话：悟空》的开发团队——游戏科学采用了虚幻引擎（Unreal Engine 5.x，UE 5.x）系统。该系统是一个开源的游戏设计开发引擎，也是一个高性能图像渲染引擎。虚幻引擎由美国Epic Game公司研发，除了广泛应用在游戏研发中，还是虚拟制片、数字人、工业与建筑设计等领域必不可少的应用工具，同时还在辅助机器人设计、自动驾驶模拟、虚拟仿真具身智能等前沿人工智能领域发挥了重要作用。随着科技的不断进步，虚幻引擎这类系统将在元宇宙时代充分发挥其在基础层、平台层的基座作用，为元宇宙应用的全面爆发作全方位的支撑和赋能。

在虚幻引擎等元宇宙底层技术的支持下，内容开发者可以更关注内容生成、内容表现和故事的叙事逻辑，不用担心从头开始搭建渲染系统、游戏与影视制作技术的具体实现。

| 延伸阅读 |

元宇宙新业态：虚拟制片的优势

虚拟制片与传统绿布摄影棚有本质区别，而且优势明显，我们扼要列举以下四点。

第一，传统绿布摄影棚往往会导致演员与道具光影信息错误，后期制作也难以改变错误光影，而虚拟制片片场取景采取特殊屏幕，除了可呈现各种具体场景外，如落日山谷场景，特制的屏幕还会带给拍摄环境中橘色和道具正常的观影信息，这是绿布摄影棚做不到的。第二，由于虚拟制片在片场利用特殊屏幕代替了绿布，让演员可以有身临其境的感觉，不用再对着绿幕、靠演员自己的想象进行表演。第三，相较于真实取景，虚拟制片也有其明显优势。以拍摄落日效果为例，拍摄效果受气候、季节、天气等各种不可控因素影响，为达到完美效果，留给导演和摄影师的实际拍摄时间窗口期可能仅有十几分钟。如果错过宝贵的时间窗口期，摄制团队就需要等待几个月，甚至几年。而虚拟制片环境利用特殊的

> 电子屏幕模拟现实场景，可以将导演需要的场景进行反复调整、调试和长期保持，使原本仅有十几分钟的拍摄时间延长到任意时间长度。第四，虚拟制片利用虚幻引擎等前沿虚拟渲染引擎，可以做到实时渲染，导演和制作组可以实时看到拍摄效果，这和传统制片流程差别巨大。传统制片流程只有制作完后，导演和制作组才能看到成片效果，如果此时对拍摄效果不满意，只能通过后期修改，且修改效果有限，如果重新拍摄，将给整个项目带来巨大的财务、时间和人力成本，但是这类问题在虚拟制片中则不会存在。
>
> 简而言之，虚拟制片颠覆了传统制片的若干流程和顺序，让原本被视为不可能完成的任务变得易如反掌。因此，我们应对元宇宙产业在影视、游戏领域的应用保持乐观，充满信心。

第二个领域是社交与虚拟社区，如虚拟社交平台和虚拟聚会空间。如果说QQ、BBS等互联网社交模式是1.0时代，那么融合了电话、视频通信、文字语言功能的微信就是网络社交的2.0模式。一般而言，每隔20年会出现一个全新的互联网社交模式形态，虽然时至今日QQ仍有大量的用户，但目前人与人在数字时代的沟通则主要依靠微信（WeChat）。由此可见，新旧社交模式之间不存在绝对的替代关系，彼此有可能长期共存，这就如同电视出现后，也未取代电台广播。在当下这个时间节点，随着大量新技术的成熟，互联网产业及文化产业必须推出全新的数字社交模式让大众有新的选择。这种新的数字社交模式应是以元宇宙形态出现的虚拟现实社交模式。它与

QQ 和微信的区别是：第一，虚拟现实社交模式进入形式的颠覆。我们需要利用 AR、VR 等设备进入类似电影《头号玩家》的虚拟现实世界。第二，QQ 和微信不具备虚拟世界设定，也不具有游戏与任务属性。元宇宙虚拟现实世界如同真实世界的投影，具有可持续性、高度仿真性、实时性等特点。因为该虚拟场景中具有人物、事件与虚拟实物，致使其可以融入游戏叙事逻辑，可以预设虚拟世界的运行规则，也就是说它更容易让人沉浸、沉迷其中，这种体验是网络社交 1.0 和 2.0 版本无法给予使用者的。以《魔兽世界》《王者荣耀》《刀塔 2》等游戏为例，玩家借助该游戏平台可以实现虚拟社交，实现类似 QQ 的功能，建立友谊和信任，并且可以将这种线上的友谊和信任拓展到线下真实世界中。以上三款游戏具有独特的世界观设定，有游戏任务设定，这是 QQ 和微信所不具备的。当下深受全球好评的《黑神话：悟空》即以其优美、真实的场景及游戏可玩性让游戏者沉迷其中。人机交互虽然还停留在"屏幕 + 游戏手柄"的模式，但是游戏渲染效果因采用了 Epic Game 虚幻引擎的 Nanite 技术，游戏场景与虚拟资产呈现极强的真实感，已经达到了实时渲染像素级别细节的能力和对海量的物体对象高清渲染的要求。《黑神话：悟空》还使用了真人动作捕捉和实景 3D 扫描技术引入游戏制作，这进一步增强了游戏玩家的沉浸式体验感。Epic Game 虚幻引擎支持"屏幕 + 游戏手柄"的游戏模式快速映射到 VR/AR 模式，《黑神话：悟空》虽然为单机模式，目前并无虚拟社交功能，但是相关技术非常成熟，扩展开发仅是资金、规划问题。因此有理由相信，电影《头号玩家》中所描述的元宇宙场景，以及在游戏世界下的新一代网路社交模式会很快到来,这一切并非天方夜谭。

第三个领域是教育与工作环境。教育领域的应用主要指虚拟课堂、网上培训和虚拟网上仿真实验室。其中工作环境是指元宇宙会加速虚拟办公室、远程协作和业务会议。

第四个领域是商业应用,主要是虚拟商店、云购物以及在元宇宙中进行广告和品牌推广。

(四)元宇宙的特征

元宇宙的主要特征包括虚拟特性、用户交互、虚拟经济属性及开放性和兼容性。

虚拟特性是元宇宙最重要的特征之一。元宇宙的虚拟特征与当下我们所说的互联网上的虚拟特征不同,重点体现在持久性、沉浸感和探索性这三个方面。第一个方面是持久性。元宇宙是一个持续存在的虚拟环境,即使用户不在线,虚拟世界也会继续运行和发展。第二个方面是沉浸感。通过虚拟现实和增强现实技术,用户能够身临其境地体验虚拟世界。第三个方面是探索性。与微信、QQ和微博不同,元宇宙平台往往具有游戏性质,带有故事内容剧本属性。用户在元宇宙平台可能会通过领取平台任务,解锁新功能、新技能或获得新数字资产(如数字皮肤、数字装备、成就徽章等)。这种探索性是当下主流社交媒体软件所不能提供的。

元宇宙的第二个特征是用户交互特征。用户可以创建和定制自己的虚拟角色、房间、物品等。用户可以在元宇宙中与其他用户进行实时社交互动、交流和合作。

元宇宙的第三个特征是虚拟经济属性。数字货币、区块链技术都是元宇宙的"DNA"。在元宇宙中,用户可以购买、出售和交易虚拟物品和资产，如虚拟土地、服装、道具等。在元宇宙中，我们有理由相信，区块链技术仍将持续发挥核心作用。在西方一些国家，很多号称具有元宇宙平台属性的社交平台，都利用区块链技术来管理虚拟资产的所有权和交易记录以提高透明度和安全性。当然，如果要最终实现元宇宙经济属性的愿景，可能需要在现有三层互联网架构（即基础层、平台层、应用层）中加入（共识）治理层、（经济）激励层等具有经济属性的层级。目前的三层架构设计之初，未将经济要素单独作为一个或多个功能层级纳入架构中，这也是现有互联网体系与生态的局限性。

元宇宙的第四个特征是开放性和兼容性。元宇宙通常是跨平台的，用户可以通过各种设备（如电脑、手机、VR 头显）访问。理想中的元宇宙环境，应支持不同虚拟世界和平台之间的互操作，使用户能够在不同的虚拟环境中无缝移动和互动，这是一种互相操作特性。当然，为实现这一目标，需要基础层的物理实现，需要平台层的技术协议支撑，还需要应用层大量的应用软件或工具实现不同虚拟场景的切换。

（五）元宇宙对数字货币的影响

元宇宙的发展将对数字货币产生显著影响，主要体现在以下几个方面。

首先，加快数字货币的应用场景落地。例如让虚拟经济进一步升级，元宇宙中的虚拟商品和服务交易需要使用数字货币，推动其在虚拟世界中的广泛应用。如果元宇宙平台能够深度吸引客户，那么客户就会花更多的时间停留在元宇宙世界中，于是元宇宙中的交易和支付量都会增加，也就增加了使用数字虚拟资产的概率。同理，如果客户停留在元宇宙的时间增长，数量增加，那么自然就会增强数字货币的需求和流动性。随着元宇宙用户的增多和交易频次的提升，对数字货币的需求也会增加。此外，如果有经济体率先实现了元宇宙经济体系，即充分利用元宇宙技术（如 VR、AR 等虚拟现实技术）的同时还充分发挥数字货币的经济价值，并且发挥区块链、分布式账本等技术的潜能，自然会有很好的示范效应。其他新兴市场会愿意加入元宇宙经济体联盟，于是元宇宙经济体系下的国际贸易、国际投资、国际金融等新型经济金融形态都会出现，最终会进一步促进数字货币的普及。

元宇宙与数字货币可以深度互相促进，推动彼此技术创新。以智能合约技术为例，元宇宙中的复杂交易和协议需求，可推动智能合约技术的发展和应用。元宇宙的发展会促进区块链技术的全面升级、优化。为了支持元宇宙的大规模应用，将会倒逼区块链技术在性能、扩展性和隐私保护方面持续升级创新，否则新技术的出现，将取代区块链技术。

其次，元宇宙也会进一步促进、优化数字货币的监管和相关政策的完善。元宇宙的出现将促使监管机构制定新的数字货币相关政策，以探索尝试解决一些历史遗留问题，如虚拟资产交易、税收逃逸和反洗钱等。当然，元宇宙的出现为区域与全球政府治理提供了新思路、新选项，丰富了政府治理的手段和工具，如何利用好这些新手段和新工具这一问题，也倒逼区域或全球的政府和联盟体优化制度，完善法规，强调跨国、跨境、跨区域、跨部门协助，进行改革。

再次，元宇宙会促进跨平台和跨链整合。元宇宙需要不同区块链平台和数字货币之间的互操作性，推动跨链技术的发展，这就要求统一标准。也就是说，推动元宇宙、区块链行业标准化，以支持不同虚拟世界和虚拟平台中的数字货币、数字虚拟资产的流通与互认，这是一种未来数字经济发展的必然。

最后，元宇宙或可以助力全球化进程。近年来"逆全球化"思潮兴起，其背后的政治、经济等原因复杂。"逆全球化"带来的负面影响包括全球多边国际贸易与投资体系被破坏，影响全球经济增长，加剧西方发达国家或地区贫富差距扩大，社会公平受到挑战。由于西方国家或地区民众的不满，西方政客为转移民众注意力，打着"产业回流"等旗号，对新兴国家经济体采取技术封锁、惩罚性关税等"逆全球化"政策措施，制衡新兴国家经济体发展，进一步加剧了"逆全球化"的现实实现。元宇宙主导的虚拟世界具有持续性、沉浸性，可以人为加入关于元宇宙世界运行规则的设定，而且因为元宇宙内部依托区块链等技术具有自身的经济系统，也可以有自己的数字货币系统。最主要的是元宇宙可视为现实世界的"数字孪生"，在元宇宙中产生的行为或结果可对现实世界有影响，这就为新兴经济体在元宇宙世界重新定义数字经济世界的经济运行规则、贸易与投融资规则、社会伦理规则提供了可能。借助元宇宙的跨现实物理特性，打破某些西方国家或地区在现实世界的贸易与技术封锁，减缓某些西方政客推动的"逆全球化"进程。

第五章

数字货币的奇妙应用

一、数字货币为金融业发展提供新思路

数字货币作为货币的一种全新形态，将对金融系统产生深远影响，带来金融创新与金融体系变革，加速支付方式、商业模式的演变。面对这种变革，监管机构需要制定适应数字货币的货币政策，维护货币稳定和金融安全。此外，数字货币的普及也对金融稳定提出新挑战，这就需要监管与技术创新并重，以确保金融市场健康发展与安全稳定。

（一）数字货币赋能金融体系

数字货币是数字经济时代货币的数字化新形态。除了继承传统货币的经济与金融属性外，数字货币还具有独特的属性。简单概括起来数字货币的出现至少从四个维度为金融服务业带来了前所未有的改变。

第一个维度：数字货币带来支付与结算领域的改变。虽然区块链并非央行数字货币的唯一选择，但主要国家和地区的央行数字货币还是致力于努力挖掘区块链技术优势，而基于区块链技术开发的虚拟数字资产项目那就更是举不胜举。去中心化、可溯源性及不可篡改性作为数字货币与虚拟数字项目的基本设定，为全球实现高度经济数字化提供了一种可行的解决方案思路（虽然不一定是唯一的），随着经济发展逻辑的变革（从传统迈向数字，从"唯一中心"迈向"去中心"），自然地导致传统金融组织方式与功能的改变，传统金融的中心化模式被打破，去中心化模式为全球金融发展提供了新思路、新路径，也为传统金融学研究带来新思维。数字货币内部的核心技

术（如区块链、共识机制、分布式账本）可以精准地对传统支付和结算模式进行如"手术刀级别"的改造。数字货币本身也是一种新兴的支付工具，它的使用能推动支付和结算方式的创新。传统金融系统中的支付和结算通常需要中介机构，但由于区块链技术具有去中心化特点，使得数字货币与消费者之间形成直接的点对点交易方式，而且是实时的，这就提高了支付的效率和速度，原则上可以精简掉大量冗余的金融中介机构，进而降低交易成本和跨境支付的复杂性。

第二个维度："去中心化+智能合约"模式带来金融新形态。前文介绍了数字货币有别于传统货币的独特性，这些独特性顺其自然地导致去中心化金融（DeFi）的兴起。数字货币及虚拟数字资产项目除了有去中心化、区块链这些利器外，还有智能合约这个利器。智能合约实现了合同条款的可自动执行、合同条款的可编程化，这使得货币或资产的部分功能（如价值储藏功能）可以与其他功能剥离，为投资、借贷等金融业务和产品的创建、运行提供了全新的解决思路。于是数字货币的支持者们认为基于DeFi理念的创新金融工具和服务会使全球资金流动更加高效、透明。此外，在这种理念指导下，去中心化是这些数字货币实验或虚拟数字资产项目的一个特点，如果去中心化的目标确实可以实现，那么它是对传统金融的中心化的一种挑战。中心化具有垄断特性，而去中心化则代表着"去垄断"。这是大众容易理解和接受的。我们从积极的一面看数字货币带给金融的影响，应可以认为这确实是为个人和企业提供了一种新的金融决策选择。

第三个维度："点对点"交易促使传统金融中介去思考在

新时代的自身定位。数字货币的普及及其带来的相关金融科技的发展，使无银行账户的人群也能够进行支付和储蓄，降低了金融服务的门槛，并可能在一定程度上改变金融中介机构的角色。

第四个维度："普惠金融"之梦或许能实现。长期以来，我国致力推动普惠金融的发展，但是有部分学者认为金融以盈利为目的，与普惠有冲突。随着数字货币的引入，通过数字货币可以实现点对点的直接支付，能够实现远程现金交易，无须依靠金融中介机构，为无法获得传统金融服务的人群提供了更多普惠金融服务的机会。数字货币兴起于新兴信息技术，信息技术之间彼此不是绝缘的，往往是即可扩展又容易发生化学反应的。数字货币技术与互联网、物联网、5G（甚至6G）都极易融合，并产生化学反应，这导致随着数字货币使用度的提高，还将显著提高金融服务的范围和便利性。最后，基于数字货币的金融服务具有海量交易数量和小额、便捷等特点，有效地缩小了普通民众与金融服务之间的距离。在便民服务领域，基于数字货币的金融服务具有突出的优势，能够填补传统金融服务的空白，满足人民群众对业务融合、安全便捷、标准规范的高质量金融服务的需求。

(二) 数字货币带来的金融风险

尽管数字货币有助于金融创新和支付系统的改进，但异于传统货币发行与交易模式，其也会带来新的金融风险，加剧金融"脱媒"效应。此外，私人数字货币（特定虚拟数字资产）还存在威胁金融安全和社会稳定的潜在风险。

数字货币交易的操作风险主要体现在技术和系统的稳定性

上。数字人民币的运营依赖于技术，因此系统故障或网络中断可能导致交易处理延迟、数据丢失，甚至非法访问，影响资金安全和系统的整体可靠性。一方面，用户在使用过程中操作失误也是一大风险来源，由于数字货币交易方式与传统纸币存在较大差异，对于不熟悉相关操作的用户，容易造成误将资金发送至错误地址或未妥善保管私钥问题，进而导致资金被盗；另一方面，支付终端的安全性也至关重要，支付设备如手机或智能卡如果遭受网络黑客攻击，用户资金同样面临风险。

在隐私风险方面，央行发行的数字货币在注册和交易过程中，需要个人用户提供身份信息验证，且监管机构可能需要获取交易数据进行调查，这对数据的合法使用和存储提出了挑战。如果这些信息泄露，数据在传输过程中被截获或非法获取，就可能导致用户的个人隐私被滥用，甚至引发金融欺诈或身份盗窃。由私人发行的特定数字虚拟资产，往往采用去中心化模式，虽然不会直接暴露用户的身份信息，但交易双方的钱包地址和交易金额等信息却是公开的。这些信息在一定程度上可以用于追踪和分析用户的交易行为，从而对用户的隐私构成威胁。

在对现有金融机构的影响方面，数字货币的推广对商业银行的存款和中间业务会造成冲击，尤其在存贷款业务层面，带来"脱媒"效应。在我国数字货币实践中，由央行发行的数字货币采用双层运营体系，需要商业银行全额缴纳准备金，但央行数字货币作为中央银行负债，具有更高的信用等级和便捷性，对商业银行的存款产生挤出效应。特别是在危机时期，公众更倾向于将存款转移至央行数字货币账户，可能引发银行挤兑风险，削弱商业银行的资金基础。即使在经济稳定时期，低利率环境下，商业银行的活期存款利率较低，用户更愿意持有央行数字货币，这将进一步减少商业银行的存款规模，从而影响其贷款派生能力，削弱对实体经济的信贷支持功能。此外，央行数字货币的推行可能导致商业银行提高存款利率以吸引客户，增加资金成本，压缩净息差，甚至通过提高贷款利率引发逆向选择效应，加剧银行系统的不稳定性。

私人数字货币（或称非官方数字货币、虚拟货币、特定数字资产）通过深度运用区块链技术并强调去中心化运营模式，实现了在金融产品和服务上的创新。这种创新具备高度的技术深度、金融创新性以及对现有法律框架的突破性，但同时也可能成为新的金融风险的汇聚池。从监管实践来看，现有金融监管体系也难以精确掌握其在国内的使用情况。而在国际层面，私人数字货币的发行与任何国家或地区的经济总量无关，其发行量持续增加且难以准确估计。各国在增发法定货币时，难以将私人数字货币的发行量纳入考虑范围，而导致货币增发的收益可能被私人占有。个人用于购买私人数字货币的法定货币，如果不被"冻结"，则会流入社会，私人数字货币也等于是扮演起了等值商品的角色，进而导致更多的货币进入流通环节，更有可能引发通货膨胀。

在法定货币贬值或不稳定时，私人数字货币的持有和使用率可能在严格监管下仍持续增长。不法分子出于转移资产等目的，可能将资金通过匿名的私人数字货币渠道转移到国外，交易隐蔽且容易控制。加之一些国家对其合法化甚至鼓励支持，这类货币可能演变成"地下货币"，成为经济犯罪或暴力犯罪的工具。这对我国现有金融监管与外汇管理制度构成挑战，可能导致资本外逃或汇率波动，并削弱国家对私人数字货币投机行为的防控能力。

（三）来自金融监管部门的考量

数字货币的出现对金融监管部门提出了新的挑战。

首先需要区分的是法定数字货币监管与私人数字货币监管。私人数字货币匿名性和去中心化特点使资金的流动不透明，并带来洗钱、恐怖融资、逃税等风险，危害金融安全，在我国受到严格监管。2021年发布的《关于进一步防范和处置虚拟货币交易炒作风险的通知》明确指出，比特币、以太币、泰达币等虚拟货币具有非货币当局发行、使用加密技术及分布式账户或类似技术、以数字化形式存在等主要特点，不具有法偿性，不应且不能作为货币在市场上流通使用，相关业务活动属于非法金融活动。

针对法定数字货币的监管则应以确保其法定货币属性、严守风险底线、支持创新发展为原则，围绕业务管理制度、运营机构监管要求、反洗钱和反恐怖融资及用户个人信息保护展开，营造数字人民币安全、便利、规范的使用环境。

当前，我国针对央行数字货币的监管仍有改进提升空间，监管规则可进一步提高，监管方式和手段也可更为多元化。数字货币作为区块链技术与货币的创新产品、新兴数字形态，同时兼具创新性和风险性，一方面可优化货币支付功能、精准传导货币政策及助推实体经济发展，另一方面应切实防范数据隐私泄露、洗钱、伪造货币等风险，因此监管的艺术在于实现金融创新与风险规制的平衡。

二、数字货币为宏观经济调控提供新手段

数字货币作为一种新兴的货币形式,对货币政策产生了广泛的影响。数字货币不仅丰富了央行的货币政策工具箱,还增强了货币政策的传导机制,提升了支付系统的安全性和效率,并在维护金融稳定、降低金融风险方面具有积极作用。

(一)为经济发展提供新的解决方案

数字货币使传统的投资方式、产业结构、就业模式及经济组织结构发生巨大改变。首先,数字货币可以改变资本形态、资本地位、资本主体及资本演进方向。这种转变集中体现在投资模式的全方位变革,最终导致了投资方式的改变。其次,数字货币使产业结构发生变化。数字经济、信息经济等非实体经济逐渐发展起来。随着数字经济时代的到来,新技术、新业态、新模式不断涌现,发展数字经济成为推动实体经济提质增效的重要战略。再次,数字货币丰富了就业模式。灵活就业、合作经济和共享经济逐渐成为主流,扩展了传统的就业模式。最后,数字货币改变了经济组织,主要表现为传统公司形态的逐渐衰落以及企业不断小型化,创业模式也逐渐多元化。新兴的数字化产品、应用和服务大量涌现,形成了规模巨大的数字化消费市场。这使得消费群体需要具备一定的数字化技能和素养,推动了数字经济的发展。

当然,面对经济危机的常态化,数字货币也可能成为实现长期经济复苏的一个选项。数字货币的可溯源性等优点让货币当局收集货币数字形态的全生命周期数据痕迹更为容易。更多的数据信息被聚集,就更容易识别企业和个人的资金需求和信

用情况，并作出精准预判，进而实施精准帮扶。这也是为何学者们普遍认为数字货币的使用会助力普惠金融的发展，会让金融信用的获得变得更加平权，更便利，而且更公正。因此在经济出现危机时，哪些企业、哪些个人更需要被救助，他们在哪里、如何定位他们……诸如此类问题，我们依据更完整的货币数据信息，或可以给出较为完美的解决方案。简而言之，数字货币的发展可以增强经济的稳定性和韧性，为应对经济发展面临的各种挑战提供新的解决方案。

（二）增强货币政策的传导机制

数字货币的出现为货币政策的实施提供了新的工具和手段。传统货币政策通过价格型和数量型货币政策工具调整利率和货币供应量来熨平经济波动，促进经济增长，但其传导机制存在一定的滞后性和不确定性，造成货币政策传导梗阻。数字货币的引入可以增强货币政策的传导机制，提高政策的效果和精确度。

具有电子化特征的数字货币不仅可以改善传统货币政策对宏观经济调控的滞后性，还可以通过分布式记账技术简化当前结算系统的流程，提高支付结算效率和货币政策调节效果。中央银行可以通过法定数字货币，实现"专款专用"，精准控制货币投放的方向和力度，将不同的货币量有效传导至各个经济价值领域，使各产业依据其产能和市场需求，获得足够的资金支持进行生产，从而提升货币政策传导效率。

具体而言，作为中央银行负债的法定数字货币，可按不同类别划分，如农业、基础设施、工业统筹、战略领域等，经济体可根据需要调整分类。贷款时，数字货币类别须与借款方匹配，如农业数字货币只能用于农业单位，战略领域货币只能用于国家战略发展领域。这样形成的分类货币，中央银行则能针对不同产业采取差异化的法定准备金率、利率机制等。同时，数字货币程序可以设定前瞻指引，方便用户掌握政策变化。中央银行也能根据国家战略或经济环境变化，灵活调整数字货币参数，支持重点产业。应对重大灾害或经济变革时，只须调整数字货币的分类和参数，即可精确支持急需领域。当前的定向借贷便利和定向降准等政策工具，将更容易实现精准配置和专款专用的目标。

此外，数字货币的另一个优势是能够有效执行负利率政策，以增强非常规货币政策工具效力。实物货币的最低利率为零，因为人们可以将存款转换为现金，规避负利率。数字货币则能够通过数字化形态货币替代现金，从而打破零利率下限，使央行能够有效实施负利率政策，避免流动性陷阱的出现。

（三）提高支付系统的安全性和效率

传统的支付系统依赖于银行和其他中介机构，且通常采用资金流与信息流分类处理的方式，在账户支付时往往会产生交易延迟和交易成本，尤其是在跨境支付领域。而数字货币能够通过分布式账本技术和智能合约技术优化跨境支付流程，极大地提升资金与信息传输的效率。

分布式账本技术通过点对点支付简化了跨境支付流程，减少了对代理行的依赖，使支付清算更加快速高效。同时，资金与信息的无缝对接减少了错误，提升了支付的速度与准确性。根据我国央行发行的数字人民币实践来看，试验项目如mBridge证明了数字货币在跨境支付中的卓越表现，交易时间能够从传统的 3～5 天缩短至 2～10 秒。跨境支付效率的提升对货币国际化进程有着重要推动作用。一个高效、便捷的跨境支付系统能够大大缩短支付时间，满足更加多样化的支付需求，从而为货币的国际化使用奠定坚实基础。

（四）提升金融稳定与维护金融安全

一方面，数字货币（特别是央行数字货币）提供了一种高流动性且风险较低的资产。数字货币可以作为一种高质量的流动性工具，帮助金融机构在市场波动时稳定其资产负债表，从而减少金融系统的脆弱性，并能够帮助金融机构更好地管理挤兑风险和价格波动。在遇到大规模赎回时，央行数字货币也能够为金融机构快速提供流动性支持，从而避免市场恐慌和系统性风险的扩散。这不仅有助于维护数字资产市场的稳定，还有助于提升公众对数字货币的信心。

另一方面，金融制裁作为经济制裁的核心手段，其影响力逐年增加，尤其通过切断美元国际收付通道和阻止使用 SWIFT 系统来打击目标国家。在此背景下，由央行发行的数字货币展示出维护国家金融安全影响的潜力。央行数字货币的跨境支付系统通常采用分布式账本技术，确保了交易的不可篡改性。该系统在设计上融合了加密货币和稳定币的技术理念，实现了多中心、分布式治理下的跨境支付过程中信息流与资金流的统一传输，能够有效摆脱对 SWIFT 系统的依赖，以维护全球交易安全。例如，俄罗斯在受制裁后也在加速数字卢布研发，相关测试表明，数字货币有助于缓解金融制裁压力。未来，央行数字货币有望成为发展中国家跨境支付体系的重要支撑，有效抵御金融制裁带来的冲击。

（五）数字货币对世界货币体系的影响

从国际金融学视角分析，数字货币的诞生重塑了世界货币体系，以前所未有的广度和深度推动国际金融架构变革。一方面，数字货币有力地挑战了以美元为主导的国际货币体系；另一方面，它也为遭受金融制裁的弱小国家提供了新的规避思路。具体而言，数字货币对金融系统的影响属于"混合型"和"结构性"。

以"混合型"为例，数字货币的产生与发展，形成了与现行信用货币制度的平行体系。在信用货币制度下，法币体系需要国家信用背书。全球各国，无论是发达国家还是发展中国家，都不能保证国家信用的绝对稳定。尤其是在一些落后国家或地区，政治、经济和社会不稳定，国家或地区司法属性的信用极易缺失且币值动荡呈现常态化，这都导致传统货币制度难以维持稳定。如果这些国家或地区能引入多边央行数字货币桥机制，与现行信用货币制度形成平行的、混合型的货币系统，可能是解决这些国家或地区经济与社会困境的切入口。

以"结构性"为例，数字货币会改变资本流动的模式，进而结构性地改变国家与国家、地区与国家间的投融资模式。数字货币在跨境业务方面具有得天独厚的优势。例如，我们考虑一个"大国-小国"模型，假设小国贸易需求旺盛，而该国货币币值不稳定，容易受到汇率变动影响，而大国与其他国家形成了多变央行数字货币桥机制。在跨境支付结算时，数字货币作为小国的交易媒介，大国可以实现与小国的传统法定货币的双向兑换。交易方可以使用法定货币购入数字货币，之后还可以将数字货币兑换成法定货币。由此可见，数字货币的引入，会影响国际资本流动。同时，法定数字货币相较于现金资产，其交易成本较低的特性更有利于资本流动。然而，我们也需关注数字货币，尤其是数字货币与虚拟数字资产（如果可以挂钩时）带来的潜在风险，一些不法分子会通过虚拟数字资产逃避外汇管制，甚至用于黑色交易或洗钱。

（六）从货币银行学视角理解数字货币对宏观经济的影响

传统的货币政策架构在传统货币经济结构上，数字货币的出现直接影响传统货币政策的传导机制及其效果。首先，数字货币对利率的影响。根据货币经济理论，数字货币的出现可能改变利率与货币需求的函数关系。例如，从短期来看，发行央行数字货币有利于实施零利率或负利率政策。从长期来看，由于数字货币供应量不受人为控制，零利率或负利率政策可能会常态化。其次，数字货币可能导致流动性陷阱。与法定货币相比，去中心化、可溯源的数字货币和机构数字货币功能单一、种类繁多，难以与法定货币的利率挂钩，这类数字货币对价格的需求弹性与传统货币有明显差异。最后，数字货币与 IS-LM 模型。理论上，IS-LM 模型的核心是利率。数字货币的出现渗透传统货币体系和宏观经济，严重改变了传统的利率对投资的影响路径及货币供求之间的逻辑关系，导致 IS-LM 模型失灵。国家货币当局以利率作为价格调节工具的传统货币政策可能失效，数字货币迫使传统货币政策框架和工具进行调整，并适应数字货币的发展。

从金融行业的发展来看，央行数字货币的发行与流通可能削弱商业银行创造货币的能力，对商业银行的盈利能力及中介行为产生影响。因为央行数字货币不需要依靠商业银行的账户，在业务方面会对商业银行等银行类金融机构产生影响。在数字货币参与的金融体系中，一部分货币会脱离商业银行管理的账户系统，类似于"脱媒"。商业银行吸收的存款规模会下降，存储于中央银行中的准备金，用于清算备付功能的部分也会相应被削弱。

此外，在信用创造层面，央行数字货币可能会对商业银行存款产生挤压，影响货币乘数的大小，进而对商业银行的货币创造功能产生负面效应。

简而言之，数字货币作为传统货币的电子化形态，既具有现金的便捷性和匿名性，又拥有纸币无法企及的优势，极大地增强了货币功能的灵活性和开放性，必将对贸易、投资和经济社会发展产生深远的影响。

（七）数字货币如何破除美元霸权

前文提及数字货币这一概念曾发生过"概念飘逸"和"概念扩散"，在发展过程中也走过弯路，但是前沿信息技术极易催生出货币的各种数字虚拟化形态（绝大多数形态是不被主流监管机构允许的，我们可以视其为一种异化），监管不介入，则技术与资本就会毫无责任感地创造出各式各样的、异化的货币数字形态，或者基于某些主权货币衍生出大量的数字资产，美元作为全球最主要的国际货币，首当其冲。这些异化的货币数字形态、虚拟数字资产如果主动绑定美元，又因为它们的特殊属性，到底如何影响美元体系，估计美国顶级的经济学家们也是心里没底的。这对美国而言，并非危言耸听，也并非思想实验，美联储和该国货币金融界也充分认识到了问题的严重性。从Libra1.0到Libra2.0的进阶，再到Libra，又或者从

"一揽子"方案到"美元为锚"的改变，这都让美国监管体系正经历着超常规的监管认知煎熬。

此外，通过区块链等前沿信息技术，基于数字货币、数字经济时代的新型货币联盟可能逐步成型，这种基于数字经济时代的新型货币联盟还必须依赖美元吗？

答案极有可能是：依赖美元体系的程度真的可能会不断降低。我们举一个例子：2024年6月，由国际清算银行（香港）创新中心、泰国银行（泰国央行）、阿联酋中央银行、中国人民银行数字货币研究所和香港金融管理局联合建设的多边央行数字货币桥，就可以被视为一种新型的货币联盟的尝试，这种尝试是在传统货币时代所不能实现的。当然在传统货币时代，新兴经济体如果试图摆脱美元霸权也是完全不可能的，而在当下，借助数字货币桥，也许这种"摆脱"可以奏效。商业银行、企业实体与不同地域的货币当局，借助数字货币桥，可以探索在不同司法辖区和不同货币之间，利用分布式账本技术，以央行数字货币为纽带，在跨境支付与结算中发挥数字货币应有的作用。

三、数字货币支付的机遇与挑战

数字货币作为支付工具具有许多特性，包括去中心化、安全性和便捷性等方面的优势，这使得其在支付领域具有独特的价值和潜力。

（一）数字货币支付的强大优势

在金融支付领域，首先，数字货币在用户端可以推动在线支付的进一步便利化，同时一定程度上保护用户的隐私。其次，数字货币如果与智能合约巧妙结合，利用金融创新，应可以与某些实物资产形成联动，那么这种"数字货币+智能合约+实物"的组合，也许能被称为具有实物价值衍生的投资品。数字货币可用于跨境支付购买各类数字服务和商品。最后，数字货币能够作为去中心化应用的基础架构元素构建各类Web3.0数字生态产品。也就是说，数字货币作为支付工具，具备了许多传统支付方式无法比拟的优势。

以下是数字货币支付相较于传统支付的九大优势。

优势一：安全优势。数字货币采用了加密算法和分布式账本（区块链）技术，确保了交易的安全性和可追溯性。加密算法保护了数字货币的安全传输和存储，有效防范了欺诈和篡改，而分布式账本技术使得交易记录被广泛分布在网络的多个节点上，不易被篡改和攻击。

优势二：便捷性和实时性优势。数字货币的支付过程快速、便捷，可以实现即时交易和跨境支付，提供更好的用户体验。传统的银行转账或跨境支付，主要依赖于全球SWIFT网络，常常需要较长的处理时间和高昂的手续费，而数字货币跨境支付可以在较短时间内完成。数字货币的便捷性还体现在其无需传统银行账户，只需要拥有数字钱包就可以进行支付，方便用户使用和管理。

优势三：低交易成本优势。与传统的支付方式相比，数字货币支付通常具有较低的交易成本。传统的跨境支付需要经过多个中介机构，每个中介机构都会收取一定的手续费，而数字货币通过区块链技术进行点对点交易，消除了中介环节，降低了交易费用。

优势四：全球可及性优势。数字货币具有全球可及性优势，传统的金融服务在某些地区可能无法普及，而数字货币只需要互联网连接即可使用，覆盖面更广。数字货币支付不受地域限制，可以方便地进行全球范围内的交易，满足了全球化经济的需求。

优势五：金融普惠性更强，优于传统金融服务模式。数字货币的普及可以提升金融普惠性，特别是在传统金融服务无法覆盖的地区。数字货币只需一个数字钱包即可进行交易，打破了金融服务的地域限制。这一特性有助于实现普惠金融，让更多人享受到现代金融服务的便利。

优势六：在隐私保护领域的先天优势。虽然数字货币的交易记录是公开的，但交易双方的身份信息可以是匿名的，用户可以选择在交易中保持匿名。与传统的银行系统相比，数字货币支付保护了用户的隐私，减少了个人信息泄露的风险。通过零知识证明等加密技术，可以实现交易的匿名性和可追溯性的平衡，既保护用户隐私，又能满足监管需求。

优势七：可编程性优势。特定设计的数字货币可具有智能合约的可编程性，这在为金融消费者带来支付方式灵活性和便利性的同时，更为数字货币的发行者、监管者带来极大的管理便利。

优势八：抗通胀属性优势。对于那些与某主权货币部分挂钩或兑换的虚拟数字资产而言，因为这些数字虚拟资产具有固定的供应量上限，使得它们在一定程度上，（至少理论上）倒逼约束那些与之挂钩的主权货币的发行规模。

优势九：可追溯性优势。数字货币的交易记录在区块链上公开透明，任何人都可以查看、验证、追溯。这不仅提高了交易的可信度和安全性，更有助于防范欺诈和洗钱等非法活动，并使监管机构能够更有效地进行监控和审查，保障金融系统的稳定和安全。①

(二) 数字货币对传统支付体系的挑战

数字货币的兴起及其去中心化特征和区块链技术的应用对传统支付体系构成了一系列挑战，涉及银行体系、支付机构和现金支付等方面的影响。

一方面，数字货币的兴起可能削弱传统银行体系的地位。传统的银行体系在存、贷、汇的金融活动方面扮演着重要角色。随着数字货币的普及，其提供的去中心化、快速和便捷的支付方式，为微观经济主体提供了新的选择。即绕开金融中介机构，实现点对点交易，尤其是在跨境支付领域。

另一方面，数字货币的普及可能对现金支付造成冲击，并加速无现金社会的发展。数字货币的便捷性、虚拟化及广泛的接受度可能导致人们减少使用现金的频率，并推动无现金支付的普及。然而，相较于传统支付，数字货币支付对金融基础设施与终端设备均有更高的要求。这使得那些边远地区或缺乏对相关技术了解的用户难以享受数字货币支付带来的红利，产生数字鸿沟与数字金融排斥问题。此外，网络安全、技术安全以及数字货币本身的安全问题也使数字货币支付面临新的挑战。51%攻击、双花问题、ICO 代币发行诈骗行为等也影响着数字

---

① Kriese L. *Central bank digital currency: A technical, legal and economic analysis*, Springer Nature Switzerland AG. https://doi.org/10.1007/978 - 3 - 031 - 44738 - 9.

货币支付的发展和推广。

（三）如何监管数字货币支付

数字货币的兴起可能削弱传统银行体系的地位，出现金融"脱媒"问题。同时，数字货币技术特征所带来的数字鸿沟与技术风险等问题，均促使政府要相应地调整对数字货币、虚拟数字资产的监管政策。

要区分由央行发行的数字货币和私人数字货币。前者为我国央行发行的数字人民币，是法定货币的数字形式，主要定位于现金类支付凭证（M0）；后者则属于特定虚拟数字资产或称虚拟货币。《关于进一步防范和处置虚拟货币交易炒作风险的通知》明确指出，虚拟货币不具有与法定货币等同的法律地位，虚拟货币相关业务活动属于非法金融活动，并明确规定，开展法定货币与虚拟货币兑换业务、虚拟货币之间的兑换业务等非法金融活动，一律被严格禁止。对于开展相关非法金融活动构成犯罪的，要依法追究刑事责任。

对于数字人民币的监管应坚持确保其法定货币属性、严控风险底线并支持创新发展的原则，目标是建立数字人民币业务管理制度，重点在于须明确对指定运营机构的监管要求，落实反洗钱和反恐怖融资等相关法律法规，强化用户个人信息保护，营造安全、便捷、规范的数字人民币使用环境。

为了实现上述目标，须尽快确立数字货币支付的业务管理制度。要明确对指定运营机构的监管要求，确保相关机构在执行数字货币支付业务时符合国家法律法规，特别是在运营标准、技术安全、用户保护等方面建立严格的监管框架。此外，须全面落实反洗钱、反恐怖融资等法律法规，严格监控数字货币支付过程中的资金流向，避免其成为非法活动的工具。

四、数字货币为跨境商务提供新渠道

数字货币的引入将极大地提升国际贸易市场的结算效率，为国际贸易与投资便利化带来显著好处。数字货币的使用和推广在助力经济全球化与抵御"逆全球现象"方面能发挥积极作用。此外，由于数字货币能改变社会大众使用现金的习惯和支付方式，长期内将对国际贸易、国际商务、跨国企业行为、国际投融资等方方面面产生重大影响。

第一，数字货币的"去中介效应"较为明显。传统的国际支付和结算过程中，中介机构和银行会收取一系列费用，包括汇兑费和国际电汇费。而数字货币的"去中介效应"消除了传统金融体系的层级架构，直接使货币发行当局之间、货币发行当局与客户之间形成点对点模式，进而避免中间费用，无须第三方机构干预，从而减少了费用的产生，降低了交易成本。

第二，数字货币的快速性使国际贸易结算能够更迅速地完成。传统的跨境支付，如SWIFT机制，需要经过多个中介机构和银行的环节，每个环节都需要时间来处理和验证交易信息。而数字货币的点对点交易特性消除了中间环节，资金可以直接从买方转移到卖方，无须等待第三方机构的确认，从而大大加快结算速度。当然，需要说明的是，在国际贸易清结算中，当下采取区块链等技术搭建的数字货币网络体系效率优于SWIFT，但是其综合性能，如反应效率、可扩展性等方面，还与实时证券交易系统的性能要求差距较大。我们不能过度夸大区块链等技术的优越性，应客观分析。

第三，数字货币的点对点特性提高了跨境支付的便利性和灵活性。目前来看，支持数字货币的支付网络越来越完善，使用数字货币进行跨境支付可以简化这一过程，只需通过数字钱包进行支付，而传统的国际支付往往需要通过银行和金融机构进行，需要填写烦琐的表格和提供大量的身份认证资料。

第四，由于具有一系列优异性质，数字货币具备巨大的前景和无穷的可能性，尤其是随着用户数量的激增。短短几年中，数字货币获得了飞速发展，新模式、新概念层出不穷，业界对未来以数字货币为主导的数字经济也越来越充满信心。

第五，数字货币赋能下的跨境商务使得贸易金融服务更为安全。从技术角度来看，使用数字货币进行跨境结算确实有望稳定币值，并提升贸易金融服务的安全性，为国际贸易带来更大的稳定性和可靠性。

第六，数字货币的优势叠加效应和外溢效应明显。如前文所述，数字货币在贸易融资和跨境支付方面优势明显。这些优势可以叠加产生新的边际贡献，而且会产生新的创新，除了为国际商贸领域提供新的增值服务外，也等价于"二次赋能"。数字货币还可以为企业提供更灵活和便利的贸易金融服务。由于数字货币具有去中心化、去机构化优势，企业可以更自由地选择合适的贸易融资和支付服务网络，无须依赖特定的金融机构。这为企业提供了更大的选择空间和谈判权，使得贸易金融服务更贴近企业的实际需求。

第六章

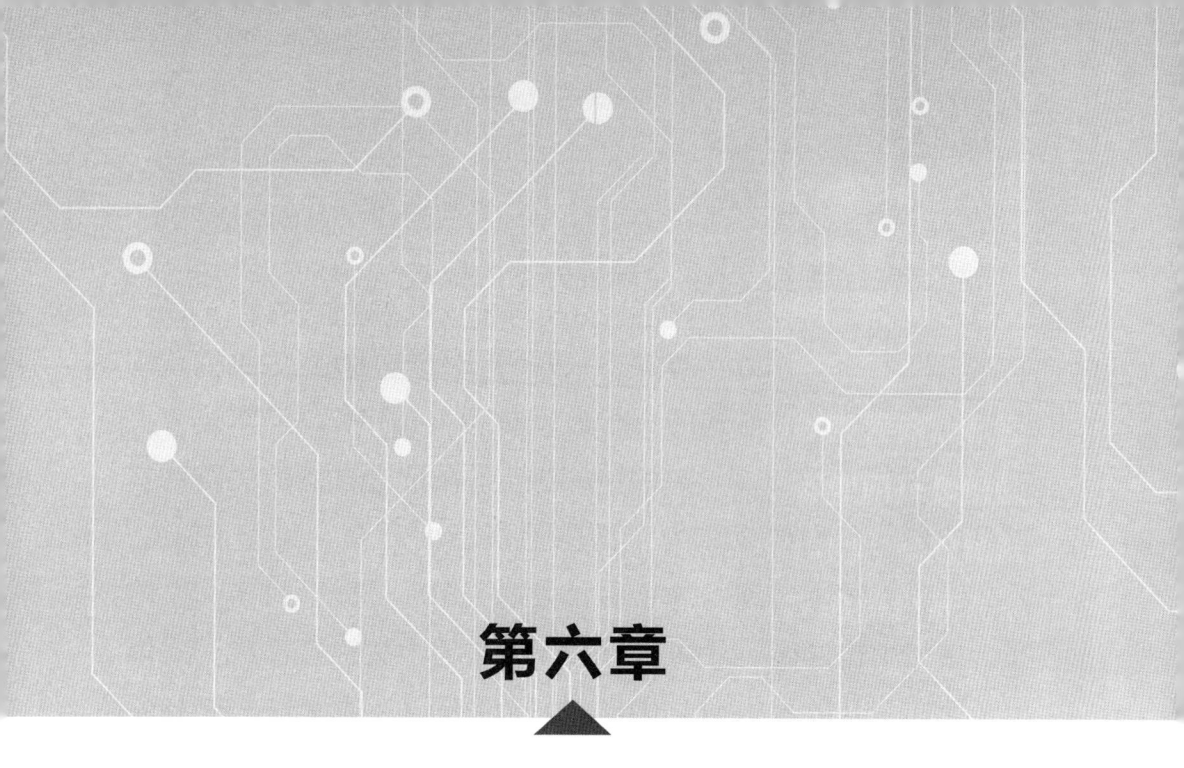

各国央行数字货币

一、央行数字货币：全球视野下的探索

2022年末，国际清算银行（BIS）对全球86家中央银行调查显示，从事某种形式的央行数字货币（CBDC）工作的中央银行比例高达93%。[①] 各家中央银行正在推进自己的央行数字货币计划，它们要么致力于面向消费者的日常交易型CBDC，要么同时探索零售型CBDC和批发型CBDC。截至目前，巴哈马、东加勒比地区、牙买加和尼日利亚的中央银行已经正式推出了面向公众的零售型CBDC。根据最近的一项调查，有18%的中央银行正在考虑在不久的将来发行自己的零售型CBDC。此外，超过一半的中央银行正在积极进行相关的实验、测试数字货币的原型，或已经启动了CBDC的试点项目。

多个中央银行发布了CBDC的测试结果，如纽约联邦储备银行、澳大利亚储备银行、马来西亚中央银行、新加坡金融管理局和南非储备银行。此外，秘鲁中央储备银行、中国香港金融管理局、欧洲中央银行、英格兰银行和加拿大银行也发布了研究报告，探讨了央行数字货币的潜力和前景。

目前，零售型CBDC的发展较批发型CBDC更为领先。近三成的国家正在试点零售型CBDC，是试点批发型CBDC国家数量的两倍。值得注意的是，发展中国家的CBDC工作进展更快，所有已发行的CBDC均来自发展中国家。发展中国家试点零售型CBDC的比例为29%，试点批发型CBDC的比例为

[①] Kosse A, Mattei I, "Making headway-results of the 2022 BIS survey on central bank digital currencies and crypto," *BIS Papers*, 2023.

16%，几乎是发达国家 CBDC 试点比例的两倍（分别为 18% 和 10%）。[①] 发展中国家开发零售型 CBDC 的主要动机是提高金融包容性和支付效率，而发达国家开发批发型 CBDC 则更多是为了支持跨境结算。

具体国家的表现也各有千秋。根据普华永道的《全球央行数字货币与稳定中指数报告（2022）》，巴哈马在 2021 年零售 CBDC 发展中排名第一。该国于 2020 年 10 月全球首个推出了央行数字货币沙元（Sand Dollar）。中国排名第三，目前在多个省（自治区、直辖市）进行数字人民币的试点工作。尼日利亚央行于 2021 年 10 月 25 日正式推出央行数字货币"e 奈拉"（eNaira），这是继巴哈马之后，全球第二种正式对公众发行的央行数字货币。在批发 CBDC 领域，中国香港、新加坡、加拿大和英国的排名则位居前列，见表 6-1。

全球央行数字货币的探索显示出各国在数字货币领域的积极姿态和多样化策略。央行数字货币不仅是技术上的创新，更是对全球金融体系的一次深刻变革。随着更多国家加入这一行列，数字货币的未来将充满无限可能和挑战。

表 6-1 2021 年 CBDC 项目排名

排名	零售型 CBDC	批发型 CBDC
1	巴哈马	泰国
2	柬埔寨	中国香港
3	中国	新加坡
4	乌克兰	加拿大

[①] 《数字人民币专题报告：全球央行 CBDC 进展报告》，腾讯网，https://new.qq.com/rain/a/20220705A01GOS00。

续表

排名	零售型 CBDC	批发型 CBDC
5	乌拉圭	英国
6	厄瓜多尔	法国
7	东加勒比地区	南非
8	瑞典	欧洲
9	韩国	阿联酋
10	土耳其	日本

二、揭秘央行数字货币的运行机制

（一）央行数字货币的基本概念

在数字化时代，央行数字货币（CBDC）成为全球金融体系中备受瞩目的创新。作为一种由中央银行发行和管理的数字资产，CBDC 的定义和发行原理在各国存在差异。本节将深入探讨 CBDC 的定义及其在不同国家的发展概况。

CBDC 是一种由中央银行发行和管理的数字形式的法定货币。CBDC 不同于传统纸币和硬币，它没有实物形态，是基于区块链技术或其他分布式账本技术的数字资产。

CBDC 的核心特征包括：完全由中央银行发行和管理；具有法定货币地位，可以用于支付、储蓄和结算；以数字形式存在，通常采用区块链或分布式账本技术；具备可追溯性和可监管性，以确保合规性。

CBDC 第一个核心特征是完全由中央银行发行和管理。这一特征意味着 CBDC 与其他数字货币或加密货币有着显著区别。传统上，中央银行通过印制纸币和铸造硬币来发行现金，这些现金通常由中央银行直接发行到金融机构和公众手中。这确保了中央银行对货币供应的直接控制，并使其能够执行货币政策。随着数字化时代的到来，现金支付方式逐渐被电子支付方式所取代。人们越来越依赖电子货币、银行存款和支付卡，而不再依赖纸币和硬币。这一趋势使得中央银行不得不思考如何适应新的支付生态系统，以满足公众的需求和维护金融体系的稳定性。CBDC 的概念正是应对了这一挑战。CBDC 是中央银行发行的数字形式的法定货币，与纸币和硬币不同，CBDC 可以在电子设备上存储、传输和使用，因此具有更高的便捷性和可追溯性。

CBDC 第二个核心特征是具有法定货币地位，可以用于支付、储蓄和结算。这一特征是 CBDC 的关键特征之一，因为它决定了 CBDC 在国家货币体系中的地位和作用，以及在国内法律体系中的特殊地位。

我们从支付、储蓄和结算展开讨论。

第一，CBDC 的引入极大地简化了支付流程。无论是在线电商还是实体零售，电子设备都能让支付过程变得迅速而轻松。此外，央行与私营部门的合作有望孕育出基于 CBDC 的新颖支付方式，例如智能化的合约支付、自动化的金钱转移及更为流畅的跨国汇款。这些创新有助于将那些传统银行服务覆盖不到的人群纳入金融体系，从而减小了数字时代的社会鸿沟。

第二，在储蓄方面，由于 CBDC 是中央银行发行的，所以其具有极高的信誉度和安全性。人们可以将部分财富以 CBDC 的形式存储，以降低风险。由于 CBDC 由中央银行管理，因此它不受商业银行的风险影响。即使在市场动荡时期，CBDC 也可以作为一种稳定的储蓄手段。

第三，CBDC 能够实现金融市场中快速且高效的交易结算，增强了市场的流动性并提升了整体运作效率。通过使用 CBDC，交易双方能够绕过传统的结算流程，减少中间环节，从而加快资金的流转速度，消除了传统跨境支付的障碍，还可以用于金融机构之间的结算，从而在金融体系出现危机时提供支持。

CBDC 第三个核心特征是以数字形式存在。CBDC 有多样的数字存在形式，包括：（1）中央银行数字钱包。中央银行可以提供数字钱包应用程序，允许公众在其中存储和管理 CBDC。这些数字钱包可以与银行账户或其他金融工具互联。（2）纸币和硬币的数字化。可能的方式是将传统的纸币和硬币数字化，以便可以在数字设备上使用。（3）银行间市场和金融机构的数字化。CBDC 也可以通过银行间市场和金融机构之间的数字交易进行数字化。这些机构可以作为 CBDC 的托管者和传输者。（4）区块链网络。一些国家考虑将 CBDC 建立在专门的区块链网络上，以便更好地实现安全性和可追溯性。

CBDC 以数字形式存在，意味着可以随时随地访问和管理 CBDC，并且其具有编程能力。CBDC 交易可以使用数字签名来确保安全性和合法性，这有助于防止欺诈和伪造。在技术上，CBDC 通常采用区块链或分布式账本技术，以实现 CBDC 的安全性、可追溯性和去中心化。CBDC 的交易记录存储在分布式网络中，不容易受到单一点的攻击。区块链或分布式账本技术使 CBDC 的交易具有完全的可追溯性。这意味着每笔交易都可以追溯到其发起者和接收者，从而提高了交易的透明性。同时，区块链或分布式账本技术不依赖于单一的中心机构，而是由网络中的多个节点共同维护，这降低了系统单点故障的风险，并提高了系统的可靠性。此外，区块链技术使 CBDC 的发行和管理更好地与抵押资产相匹配，以此确保 CBDC 的稳定性。

CBDC 第四个特征是可追溯性和可监管性。这意味着央行或者政府可以追踪到 CBDC 交易的发起者和接收者，以及交易的时间和地点。因此中央银行和相关监管机构可以有效监管 CBDC 的发行、流通和使用，包括确保 CBDC 符合国家货币政策、金融监管和法律法规的规定。可追溯性的主要作用：（1）反洗钱，使监管机构能够跟踪和检测涉嫌洗钱活动的交易，防止犯罪分子将非法收益合法化；（2）反恐怖融资，识别和阻止与恐怖主义相关的资金流动；（3）税收合规性，追踪和核实税务申报信息，确保个人和企业按照税法合规支付税款；（4）金融监管，使监管机构能够监督金融市场和金融机构的活动，确保它们遵守法规和政策。

可监管性为中央银行的货币政策提供了工具。通过调整 CBDC 的供应量和利率，中央银行能够对货币供给和经济活动产生影响。监管机构可以利用这种监管能力来评估金融市场和机构的风险水平，并采取适当的措施以确保金融系统的稳定。此外，监管机构还能监控 CBDC 的流通情况，确保金融机构和个人遵循反洗钱、反恐怖融资和税务法规。监管能力还帮助监管机构及时发现并预防欺诈行为，保护金融市场的公信力。

不同国家和地区对 CBDC 的定义存在一定差异，主要体现在对 CBDC 功能上的侧重点不同。例如瑞典的 CBDC 旨在为公众提供安全、便捷的支付手段，同时维护现金的存在。中国的数字人民币是中国人民银行发行的 CBDC，旨在提高支付体验、促进金融创新和监管。加拿大央行数字货币被定义为数字加元，用于满足未来的支付需求，同时维护金融系统的稳定性。这些不同的定义反映了 CBDC 在不同国家和地区的定位和目标，反映了各国对数字货币的不同理解。

按照支付场景的不同，国家清算银行将 CBDC 划分为零售型（也被称为通用型）和批发型 CBDC。如果 CBDC 旨在供家庭和公司用于日常交易，则被称为零售型或通用型 CBDC。零售型 CBDC 不同于现有形式的无现金支付工具（信用转账、直接借记、卡支付和电子货币），因为它代表中央银行的负债，而不是私人金融机构的负债。除了零售型 CBDC，央行数字货币还包括批发型 CBDC。与零售型 CBDC 相比，批发型 CBDC 旨在用于银行、中央银行和其他金融机构之间的结算和交易。因此，批发型 CBDC 主要发挥与当今央行持有的准备金或结算余额类似的作用，见表 6-2。

表 6-2　批发型和零售型数字货币对比

数字货币类型	批发型	零售型
面向群体	中央银行和金融机构之间	面向公众
代表国家	加拿大、新加坡等	中国、瑞典等
功能	大额支付结算	现金实时支付
主要目的	提升跨境支付效率，改善证券交易结算功能	普惠金融，提升民众日常支付效率

（二）央行数字货币的发行原理

CBDC 的发行原理取决于中央银行的政策和技术选择。常见的 CBDC 发行方式包括直接发行和间接发行。直接发行，也称为单层运营结构，指 CBDC 由中央银行直接分发给公众，不通过其他金融中介；间接发行，也称为双层运营结构，指中央银行通过银行间市场或其他金融机构发行 CBDC。

1. 直接发行 CBDC

在直接发行模式中，央行采用多种方式将 CBDC 直接分发给公众。以下是四种主要的 CBDC 发放方式。

（1）数字钱包应用程序。数字钱包应用程序是分发 CBDC 的一种手段。中央银行有能力开发官方的数字钱包应用程序，让个人和企业能够设立数字钱包以直接接收 CBDC。这些钱包一般会与中央银行的数字货币账户体系或用户现有的银行账户相绑定。

用户需要下载并安装由中央银行提供的官方数字钱包应用程序，并完成必要的身份验证和注册程序。一旦注册过程通过，用户的数字钱包将与中央银行的数字货币体系接轨，进而能够执行存款、取款、资金转移和在线支付等金融操作。这种模式简化了用户对 CBDC 的访问，省去了传统金融机构作为中介的需要。

数字钱包应用程序通常配备直观的用户界面，使得管理 CBDC 变得简单便捷。不过，用户需要具备智能手机或其他兼容的数字设备，并能够熟练操作相关软件。同时，中央银行也必须投资资源来维护这些应用程序和钱包系统的安全和性能。

（2）空投（airdrops）。空投是一种将数字货币免费分发给大量人的方式。央行会制定政策，确定哪些人或群体将受益于 CBDC 空投，包括全体公民、特定年龄组或符合特定条件的人。央行宣布 CBDC 空投的时间和详细参与方式，并将 CBDC 直接发送到受益人的数字钱包或账户中。空投可以使 CBDC 在短时间内快速分发给大量受益人，提高 CBDC 的普及率。然而，央行需要精心制定政策，确保资金合理分发，并防止滥用和浪费。

（3）数字支付和转账。在数字钱包用于交易和资金转移的过程中，中央银行可能与商业银行携手，或者直接链接到个人的银行账户来处理 CBDC 的支付和转账事宜。客户允许中央银行或商业银行处理 CBDC 的支付和转账请求，同时提供必要的交易信息、收款方的资料及授权的签名。中央银行随后从客户的数字钱包或银行账户中扣除相应的 CBDC 金额，并将其转移到预定的接收方。

这种方法适合已经建立的银行体系和支付系统，确保交易的安全性并符合监管要求。由于用户通常已经习惯了通过银行账户进行支付和转账的操作，因此他们无须学习如何使用全新的技术。然而，为了支持 CBDC 的支付和转账，必须建立一个健全的数字基础设施。中央银行还需要与商业银行合作，以确保转账流程的顺畅。

（4）自动兑换机和实体兑换点。央行可以选择在各种地点设立自动兑换机和实体兑换点，以便公众能够使用现金或其他资产来兑换成 CBDC。央行需要选择合适的地点设立自动兑换机和实体兑换点，安装设备并确保其正常运行和维护。公众可以携带现金或其他接受的资产进行兑换。在自动兑换机上，用户通常需要选择兑换方式，例如将现金放入机器中或扫描预付卡的条形码。央行或兑换点的工作人员可能需要核实用户的身份，以确保程序的合法性和合规性。这时，央行或兑换点的工作人员可以通过要求用户提供身份证明文件或进行生物识别验证来完成。一旦用户的身份验证通过且所提交的兑换资产被接受，中央银行便会向用户发放相应数额的 CBDC。这可以通过将 CBDC 直接存入用户的数字钱包来完成，或者在可行的情况下提供纸质形式的 CBDC。

通过这些方式，央行可以直接向公众发行 CBDC，提供便捷、安全的数字货币服务，推动金融体系的数字化转型。见图 6-1。

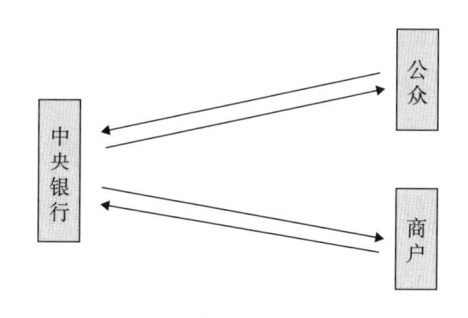

图 6-1 央行直接发行 CBDC

注：箭头表示资金流方向

2. 间接发行 CBDC

央行间接发行 CBDC 是一种通过银行间市场或其他金融机构将 CBDC 引入金融体系的方式。这种模式下，央行主要与金融机构进行交互，而非直接与最终消费者接触。以下是间接发行 CBDC 的具体运作机制。

（1）发行与托管。在间接发行时，中央银行将 CBDC 分配给指定的金融机构，这些数字货币以电子方式存储在金融机构的批发账户中。这些机构随后充当 CBDC 的持有者和保管人，负责数字货币账户的管理工作，保障其安全性、遵守法规及保护用户隐私。中央银行则通过监管这些账户，确保 CBDC 的发行量和流动性得到恰当的控制和管理。

（2）分发给最终用户。金融机构担当着将 CBDC 整合进金融系统并传递给最终用户的角色，用户包括个人、企业及其他金融机构。这一过程可以通过数字钱包应用程序、网络银行平台、自动柜员机（ATM）或银行实体网点来完成。在此过程中，金融机构必须对用户进行身份核验，确保他们遵守相关合规标准，如执行 KYC（Know your client，即"了解您的客户"）原则和反洗钱规定（AML 规则，AML 是 Anti-money laundry 的缩写），以预防非法活动的发生。

（3）确保安全与合规。中央银行与金融行业机构携手合作，致力于保障 CBDC 安全和遵守法规。这涵盖了采取网络安全措施、预防诈骗活动和执行风险管理政策。为了确保 CBDC 的安全性和可靠性，金融机构必须实施额外的安全手段，例如多因素认证、实时监控机制和反洗钱流程。同时，这些机构还须向中央银行提交 CBDC 交易的相关数据和报告，以符合合规性和监管标准，确保 CBDC 的交易透明和合法。

（4）提供附加服务。金融机构可以通过提供附加的金融产品和服务使 CBDC 更具吸引力。这些服务包括储蓄账户、贷款和投资等，促进了金融创新和普惠金融的发展。

（5）分发方式。金融机构通过多种方式将 CBDC 发放给最终用户。例如，金融机构可以为客户提供数字钱包应用程序，允许他们存储、管理和使用 CBDC；也可以通过在线银行平台提供 CBDC 服务，使客户能够进行转账、支付和结算等交易。此外，金融机构还可以利用 ATM 机和实体分支机构，让客户在这些渠道中提取 CBDC，类似于传统的现金提取过程。

在间接发放模式下，金融机构同时充当 CBDC 的分发者和管理者。最终用户与金融机构建立关系，而非直接与央行产生交易。用户的 CBDC 账户由金融机构托管，持有权也与金融机构相关，而非直接与央行相关。

通过利用现行的金融体系和网络，间接发行方式加快了 CBDC 的推广。金融中介机构的介入简化了监管和合规流程，保障了 CBDC 的应用安全可靠。同时，这些机构能够推出创新性的金融产品与服务，提高 CBDC 的市场竞争力。但是，这种方式会带来额外的开支，例如交易费和账户管理费。中央银行与金融机构之间必须构建一套复杂的系统来监管 CBDC 的发行和流通，这通常需要投入大量的时间和资源。此外，为了抵御诈骗和网络攻击，金融机构需要加强安全防护措施。

总的来说，央行与金融机构的合作是间接发行 CBDC 的核心，这种合作确保 CBDC 能够顺利进入金融体系，并被公众广泛使用。在这一过程中，金融机构不仅承担了分发 CBDC 的角色，还通过提供附加服务和确保安全合规，促进了 CBDC 的普及和金融创新。见图 6-2。

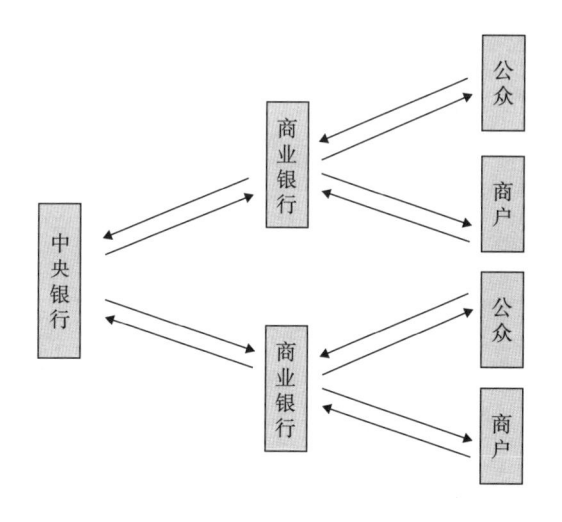

图 6-2　央行间接发行 CBDC

注：箭头表示资金流方向

三、央行数字货币技术路线：零售还是批发

（一）零售型 CBDC 的发展：以巴哈马和瑞典为例

1. 巴哈马的 Sand Dollar

巴哈马是一个依赖旅游业和金融服务业的加勒比海岛国。由于地理上的分散性，该国的现金支付方式面临挑战，特别是在没有银行分支机构或自动取款机的较小岛屿上。在旅游旺季或人员密集地区，现金的使用也面临盗窃和失窃的风险。游客和居民携带大量现金可能成为犯罪分子的目标。此外，国际游客和商务活动使用现金支付涉及复杂的跨境金融事务和汇率转换，增加了交易的复杂性和成本。

巴哈马对支付系统现代化的探索可以追溯至 20 世纪末。巴哈马央行和巴哈马国家支付委员会在金融体系方面进行了一系列创新，并于 2019 年加速了 CBDC 的探索。巴哈马在 30 余家技术公司中选择了 NZIA 有限公司的解决方案，同年确定了数字货币相关的 KYC 标准、P2P 支付费率与其他监管标准，并于同年 12 月在 Exuma 启动了试点。2020 年 10 月，巴哈马的 CBDC（Sand Dollar）面向公众全面开放。见表 6-3。

表 6-3 Sand Dollar 的发展历程

时间	标志性事件
20 世纪 90 年代末	巴哈马央行初步制定战略
2003 年	国家支付委员会（NPC）指导巴哈马支付系统现代化倡议（PSMI）成立
2004 年	中央银行直接投资开办了巴哈马银行间结算系统
2010 年	中央银行建立巴哈马自动清算所（BACH）

续表

时间	标志性事件
2013 年	政府取消了对巴哈马美元电子资金转移或借记的印花税。只有现金提取和支票书写仍然收取印花税
2019 年 3 月	NZIA 有限公司被选为巴哈马 CBDC Sand Dollar 首选解决方案提供商。同年 5 月与巴哈马央行正式签署合同，正式建立合作关系
2019 年 11 月	国家支付委员会（NPC）召开特别会议，商讨确立 KYC 标准、P2P 支付的零成本以及数据保护预期监管标准的概述
2019 年 12 月	Exuma 试点启动
2020 年 2 月	Abaco 试点启动
2020 年 10 月	Sand Dollar 向公众开放

资料来源：Sand dollar 官网。

巴哈马的 Sand Dollar 采用间接发行模式，即双层运营体系。巴哈马央行负责发行 Sand Dollar，商业银行和其他金融机构被授权作为承兑商。央行将 Sand Dollar 发放给授权的金融机构，居民和企业可以通过这些金融机构获得 Sand Dollar。用户获得 Sand Dollar 后，可以在金融机构的数字钱包或账户中将传统现金兑换为 Sand Dollar，或将其他数字资产转换为 Sand Dollar，并进行各种数字货币交易，包括支付、转账和存储。

巴哈马人口较少，其 CBDC 系统也相对简单。根据巴哈马政府 2020—2021 财年的预算报告，巴哈马财政部、清算银行协会和央行共同制定了减少现金和支票使用率的目标，包括未来五年内现金使用量减少 50%，三年内将支票使用率降低 50%、五年内降低 80%。此外，巴哈马还计划进一步利用电子票据交换所进行直接结算付款。然而，根据巴哈马中央银行的统计数据，截至 2023 年 2 月，流通中的 Sand Dollar 数量为 1025892 枚，较 2021 年底增加了 300% 以上，但 Sand Dollar 仅占货币供应量的 0.013%。

Sand Dollar 的低采用率可能由多个因素导致。首先，巴哈马央行优先考虑的是吸引新的用户，因此忽视了现有用户的采用率。其次，新冠疫情阻碍了 Sand Dollar 的推广，几乎没有机会在活动期间推出 Sand Dollar。最后，任何新形式的货币都需要时间来建立公众信任。巴哈马和其他国家已经有运作良好的支付方式，支付方式的转换需要时间。此外，对 Sand Dollar 背后的公共机构缺乏信任也使公众适应支付方式的转换变得复杂。一些巴哈马居民担心他们的隐私安全及 Sand Dollar 的可靠性和真实性。

通过这一探索，巴哈马展示了小国在 CBDC 实施方面的先行经验。然而，成功推广 CBDC 仍需解决用户信任、技术支持和广泛采用等问题。未来，巴哈马需要进一步完善其 CBDC 体系，以实现更广泛的应用和更高的金融包容性。

2. 瑞典的 E-Krona

瑞典央行（Sveriges Riksbank）正在积极测试其央行数字货币 E-Krona。作为一个电子支付普及率极高的国家，瑞典民众已经习惯于使用电子支付，这导致了纸币和硬币的使用急剧减少。随着现金使用的急剧下降，瑞典央行逐渐丧失了对货币发行和控制的主导权。因此，瑞典央行希望通过推出 E-Krona，重新掌握核心主导权。

瑞典央行对 E-Krona 的兴趣可以追溯到十多年前，且在近年显著加快了进程。早在 2007 年，瑞典央行便将目光投向了数字货币和支付领域的最新动向，并着手探索数字货币的潜力。经过一系列的初步研究和讨论，瑞典央行发布了一份报告，强调了数字支付在瑞典的普及程度，同时指出现金的使用率正在迅速下降。为了适应这一变化，瑞典央行不仅提出了 E-Krona 的构想，还着手深入探讨了央行数字货币在技术和法律层面的可行性，这标志着瑞典 CBDC 项目的正式启航。

自 2018 年起，瑞典央行组建了专门的团队，致力于深入探讨 CBDC 的潜力。在那一年，瑞典央行与分布式账本技术领域的先行者 R3 建立了合作伙伴关系，着手探索这项技术。紧接着在 2019 年，瑞典央行公布了一份详尽的 CBDC 报告，内容涉及技术、法律和政策等多个层面，并启动了技术测试，以评估不同的区块链和分布式账本技术方案。

到了 2020 年，瑞典央行与埃森哲签订了合作协议，共同推进 E-Krona 技术原型的开发和实验，模拟数字货币的流通过程，旨在评估其实际应用的可行性与效益。2021 年，瑞典央行继续深化研究，发布了新的报告，旨在调查 E-Krona 对瑞典经济的潜在需求和影响，同时在技术层面对 E-Krona 解决方案进行测试，并探讨其对瑞典法律体系的潜在影响。

虽然 E-Krona 尚未正式面市，但瑞典央行正考虑采纳类似于巴哈马沙元的双层运营模式。在这一模式下，瑞典央行将负责 E-Krona 的发行，而商业银行和其他金融机构则作为分发渠道，将数字货币传递给公众。这种模式既保持了央行对货币发行的控制权，又能利用现有的金融体系，提升数字货币的普及率和运作效率。

通过这一连串的探索和测试，瑞典央行展现了其在数字货币领域的远见和创新能力。随着 E-Krona 项目的不断深入，瑞典有潜力成为全球数字货币发展的领跑者，为其他国家提供宝贵的参考和启示。

(二) 批发型 CBDC 的发展：以加拿大与欧元区为例

1. 加拿大

虽然加拿大在全球经济和金融领域具有较强的竞争力，但该国的金融监管部门一直有低风险容忍度的监管传统，这也导致该国金融创新相较于它的邻国——美国显得较为保守，当然这也为该国带来了好处，在 2008 年，美国经历金融危机之时，加拿大则可以独善其身。凡事都有两面性，由于该国金融创新较为保守，导致该国金融科技发展相对滞后。2017 年 7 月，在德国汉堡举行的二十国集团（G20）领导人峰会上，金融科技及其未来发展成为讨论的焦点，各国领导人一致认为金融科技是全球经济社会发展的优先领域。面对中国和新加坡等国在金融创新上的激烈竞争，加拿大央行逐渐加大了对数字货币的关注，推动了加拿大数字货币发展的进程。

（1）Jasper 项目的启动与发展。加拿大央行数字货币项目（Jasper 项目）于 2016 年启动，是一个包括加拿大央行、加拿大支付机构（Payments Canada，PC）及其他相关产业在内的联合项目，由加拿大央行主导。项目的目的是探索基于分布式账本技术结算货币（CAD Coin）的应用及其在支付清算体系中的适用性。

在第一阶段试验中，加拿大央行与私人部门合作，利用以太坊平台进行大额支付系统的测试。该平台采用 PoW 机制，尽管验证了分布式账本技术在大额支付中的可行性，但系统吞吐能力在交易量增加时难以匹配。此外，以太坊平台的匿名性和结算最终性问题也未得到解决，交易对所有参与者完全可视，难以满足数据隐私需求。

为解决这些问题，Jasper 项目在第二阶段引入了 R3 Corda 平台，构建了一个新的分布式分类账户系统。该系统基于"公证结"协议，提供了更高的效率和灵活性。增加的干预匹配机制能够适应实时总结算的要求，解决了第一阶段的系统吞吐问题。Corda 系统显示了分布式账本技术在金融机构间大额支付系统中的潜在应用价值。

第三阶段的核心是将应用扩展至证券和外汇领域，利用 R3 Corda 平台自动化证券结算流程，将加拿大证券清算和结算系统与金融机构间大额转账系统连接，并探索加元兑美元的证券清算和结算。第三阶段进展顺利，进一步验证了分布式账本技术在金融市场的潜力。

（2）跨境支付的探索与成功。在国内支付结算的试验过程中，加拿大央行还探索了跨境支付的可能性。早在 2016 年 3 月，加拿大央行就与新加坡金融管理局开展合作，使用哈希锁定时间合约（HTLC）技术连接两国不同的分布式账本系统，实现了无需可信第三方中介的实时汇款交收结算。2019 年 5 月，加拿大和新加坡对央行数字货币进行跨境及跨币种支付试验。两国央行发布了联合报告，提出了几种跨境支付结算系统的设计方案，展示了区块链技术在提高效率和降低跨境支付风险上的巨大潜力。

（3）持续的国际合作与创新。当前，加拿大正与世界银行及国际清算银行合作，在多伦多成立了国际清算银行的创新中心，目的是促进中央银行领域内的金融技术革新。同时，加拿大的中央银行也在与其他国家的中央银行共享他们的经验和最佳实践方法，通过这种跨国界的合作来推进全球范围内 CBDC 的发展，同时推动相关技术和政策的规范化。

通过 Jasper 项目，加拿大不仅在国内支付系统中取得了重要进展，也在跨境支付领域展示了区块链技术的巨大潜力。

2. 欧洲央行数字欧元计划

自 2016 年起，欧洲中央银行便启动了数字欧元的规划工作，目的是适应电子支付日益增长的需求和现金使用的减少趋势，同时兼顾和保障用户隐私，维护金融系统的稳定性。

（1）隐私保护与金融稳定。隐私保护是欧洲公众和专业人士关注的主要问题之一。由于现金支付在欧洲的普及，以及成员国数目众多，公众希望数字欧元在电子支付中能够保持一定程度的匿名性。然而，出于反洗钱和反恐怖主义融资的需求，数字欧元不可能完全匿名。

金融稳定是欧洲央行的另一重要关注点。由于欧元区各国缺乏对货币发行的完全控制权，欧元区更容易受到外部冲击。因此，数字欧元的设计需要特别注意其对金融稳定的影响。

（2）数字欧元的发展历程。数字欧元的发展大致分为两个阶段：

第一阶段（2016—2019 年）：探索与论证。2016 年，欧洲央行首次研究数字货币的概念，并与日本央行共同启动了 Stella 联合研究项目，探索分布式账本技术在大额支付和跨境支付等场景的应用。2017 年，欧盟加强对数字货币和区块链技术的研究，审查不同的技术架构（公有链和私有链），以确定最适合的方案。2018 年，欧盟发布关于数字货币的白皮书，强调其对货币政策、支付系统和金融稳定的潜在影响。甚至直到 2019

年，欧洲央行行长曾多次表示欧元体系暂无发行 CBDC 的计划。但是 Stella 项目却在有条不紊地推行。Stella 项目在客观上为后来欧盟数字货币的发展，发挥了正向的作用。

第二阶段（2020 年至今）：加速发展与落地。进入 2020 年，全球 CBDC 发展加快，欧洲央行推动数字欧元在决策方面达成一致。同年 10 月数字欧元报告发布，指出其核心指导原则，分析发行的原因和影响，阐明法律、功能和技术层面的考虑。2021 年 7 月，数字欧元进入为期 2 年的调研阶段，围绕技术路线、法律框架、应用场景和潜在影响等关键问题开展调查评估。2022 至 2023 年，欧洲央行首次开展数字欧元原型测试，并在 2023 年公布了测试报告。此外，欧洲央行成立了高级别的工作组，发布了综合报告、征集了社会意见，进入数字欧元落地阶段。2023 年，欧洲央行行长拉加德（Christine Lagarde）表示，欧洲央行预计于该年 10 月进入数字欧元实施阶段，并将在 2026 年或 2027 年决定是否推出数字欧元。

（3）成员国的积极探索。部分欧元区成员国也积极参与数字欧元的探索。2021 年 6 月，法国央行与瑞士央行及埃森哲牵头的私营部门启动了欧元和瑞士法郎之间的数字货币跨境支付试验——Jura 项目。该项目旨在验证批发型数字货币在跨境交易中的安全性和效率，进一步推动了数字欧元的应用探索。

欧洲央行的数字欧元计划不仅关注技术和法律方面的可行性，还特别注重隐私保护和金融稳定的平衡。通过不断的研究、试验和国际合作，欧洲央行力图在全球数字货币发展浪潮中保持领先地位，并为未来数字货币的广泛应用奠定坚实基础。

四、各国央行数字货币监管制度对比

各国央行在数字货币监管方面存在显著差异，这取决于各国的监管理念、法律框架及数字货币的发展阶段。对 CBDC 的监管可以分为两个层次：微观层面和宏观层面。

在微观层面，监管的重点在于具体交易和资金转账，包括损失风险、伪造、欺诈、隐私保护和反洗钱。这些措施旨在确保交易的安全性和合法性，防止非法活动的发生，并保护用户的隐私。

在宏观层面，监管机构关注的是金融稳定性。根据国际清算银行的 CBDC 报告，国际清算银行领导的央行行长小组认为，CBDC 的引入不应损害货币或金融稳定性。具体要求包括防范银行挤兑风险，避免在金融危机期间扩大挤兑规模或速度。CBDC 还须防范金融脱媒，即公众从商业银行转向中央银行进行储蓄，以避免商业银行依赖更昂贵和不稳定的资金进行融资。

由于大多数 CBDC 项目仍处于研究和试验阶段，许多国家尚未采取实际监管行动，更多讨论集中在合规性和反洗钱等金融监管方面。以下是几个在 CBDC 监管和治理方面有复杂论述的国家的监管态度和可能的框架分析，这些国家也是 CBDC 发展最为迅速的国家。

（一）英国：老牌金融中心的数字货币之路

英国正在积极考虑发行和使用 CBDC。2020 年 3 月，英国央行发布了一份关于中央银行数字货币的机遇、挑战和设计的讨论文件，概述了 CBDC 设计的可能方法并寻求公开反馈。随后，英国央行在 2021 年 7 月发布了《对英格兰银行 2020 年 3 月关于 CBDC 的讨论文件的回应》。2021 年 4 月，英国的中央银行与财政部联合组建了央行数字货币专项工作组，并与多个公共机构展开了紧密的协作。到了 2021 年 6 月，英国央行在讨论文件《探索数字货币的新形态》中，详细表达了对 CBDC 潜在机遇与风险的见解。紧接着在 2021 年 11 月，英国央行与财政部联合发布了一份关于英国 CBDC 未来发展计划的文件，概述了构建英国 CBDC 的潜在路线图。

尽管英国央行推出了众多政策文件，强调了 CBDC 的合规要求，并着重说明了为 CBDC 的发行和流通建立一个健全监管框架的必要性，但在具体的监管讨论中，细节描述还不够详尽。英国央行提出，公共机构必须以透明且合法的方式采纳这项创新技术，目的是维护个人权益和社会价值观念。

不仅英国央行，英国下议院财政委员会也对未来的金融服务监管进行了调查。2022 年发布的《金融服务监管的未来》考虑了整个金融服务的监管，并简要讨论了 CBDC。报告建议新的监管框架应使监管机构能够更快、更灵活地对有关监管有效性和金融市场发展的新证据作出反应。此外，报告强调了监管独立性和监管强度的重要性，建议不要仓促改变这些安排，以免对英国消费者和纳税人造成不利影响。报告呼吁通过沟通与合作来限制合规成本，并强调明确监管机构目标的重要性。此外，报告建议监管机构之间加强合作，并定期制作绩效审查报告。尽管这些建议是在监管英国金融服务的更广泛背景下提出的，但许多建议也适用于 CBDC 的有效监管和治理。

总体来看，英国在 CBDC 监管改革方面的讨论仍处于初步阶段，主要集中在宽泛的目标和声明上，并未形成详细的战略。英国需要解决的问题包括监管框架是否需要技术中立，以及如何避免权力滥用。此外，英国强调监管机构需明确其目标，并就数字领域的金融创新进行必要的讨论，以避免某些行业的过度放松管制。虽然英国已经考虑了一些监管原则，但迄今为止尚未深入设计具体的监管和治理框架。这可能是由于英国仍不确定 CBDC 的部署以及其对电子英镑的实际影响。

（二）新加坡：亚洲金融中心的数字雄心

批发型 CBDC 主要应用于金融系统的结算与清算场景，用户多为大型金融机构。通过运用区块链技术，批发型 CBDC 可以显著提高金融机构间的清算效率。加拿大和新加坡是批发型 CBDC 的典型国家。作为国际金融中心，新加坡对引入 CBDC 一直秉持开放态度，并在研发过程中形成了一个合作联盟，吸引了金融机构、科技公司和区块链技术提供商的参与。

新加坡金融管理局（MAS）启动的 Ubin 项目是全球首个批发型 CBDC 的倡议，旨在实现外币跨境兑换和结算。目前，Ubin 项目的原型网络功能和连接接口的技术规范已公开，新加坡政府也鼓励项目参与者开发有意义的应用程序。新加坡在探索分布式账本技术方面，尤其在其落地和试验方面，已经处于世界前列。

从发展历程来看，Ubin 项目于 2016 年启动，最初旨在探索区块链技术如何改善金融体系的效率和安全性。项目初期，MAS 发布了一个区块链原型，以验证区块链技术在新加坡支付系统中的可行性。自 2017 年以来，Ubin 项目逐渐演化为一个多方联盟，吸引了金融机构、科技公司和区块链技术提供商的参与，重点推动区块链技术在支付、清算和金融市场等领域的合作研究和应用，见表6-4。

表6-4 新加坡Ubin项目的发展阶段

阶段	时间	阶段目标	发展内容
第一阶段	2016年11月	新加坡法定货币数字化	MAS和R3联盟开展法定货币数字化的试验
第二阶段	2017年10月	国内银行间结算	成功开发出三种不同模式的软件原型，用于分散银行间支付和具有流动性储蓄机制的结算
第三阶段	2018年10月	基于分布式账本的DvP	新加坡金融管理局和新加坡交易所（SGX）合作开发交付与支付（DvP）功能，以便跨不同区块链平台结算代币化资产
第四阶段	2018年11月	跨境银行间支付结算	加拿大央行、英格兰银行等联合发布报告，评估加强跨境支付和结算的替代模式。加拿大央行和新加坡金融管理局联合开展跨境结算的试验
第五阶段	2019年11月	目标运营模式	MAS与多家机构合作，建立一个基于区块链的多币种的支付体系。为其他区块链网络提供连接和接口，并研究基于区块链的支付网络的商业可行性和商业价值。场景包括与私人交易所的交付与付款、有条件的贸易付款和托管及贸易融资的付款承诺

资料来源：新加坡金融管理局网站（https：//eservices.mas.gov.sg/fid）。

在第一阶段试验中，MAS将分布式账本与"MEPS+系统"（实时全额结算系统）集成和同步，实现银行间支付。参与银行将现金抵押到MAS的托管账户中，MAS在分布式账本中以数字化新加坡元（SGD）创建等价代币，并将其分配给相应的银行。参与银行获得数字SGD后，可以自由地进行银行间或与央行之间的汇款。数字SGD货币市场提供24小时运行时间和可追溯的记录，同时保持了现有电子支付和记账系统中数据完整性的能力，银行可以相互借贷和借用数字 SGD，而无需向央行抵押现金。

在第二阶段，项目在三个不同的分布式账本平台上开发了原型：Corda、Hyperledger Fabric 和 Quorum。MAS 和新加坡银行协会（ABS）探索了使用分布式账本技术的银行间转账，并调查了实时全额结算系统的功能，结果表明，数字 SGD 可以在国内银行间支付的分布式账本上运行。新加坡央行选择了摩根大通开发的 Quorum 作为主要的原型平台。

目前，新加坡央行已经进入第五阶段试验。2019 年，MAS 和淡马锡共同发布了第五阶段的报告，指出以支付网络原型为模型的国际结算网络，相较于传统跨境支付渠道，可以更快、更便宜地进行交易。支付网络的商业应用包括多种货币的跨境兑换、支付、外币计价证券的结算，以及与其他区块链平台集成。据彭博社报道，Ubin 已经证明了区块链在薪资、资本市场和多币种支付等领域的优势。试验还包括与招聘机构 Adecco Group（AG）合作，向临时工支付薪水，以及通过 Sygnum Bank AG 向新加坡投资者支付瑞士法郎的数字股息。

除了批发型 CBDC，新加坡还在测试零售型 CBDC 项目 Orchid。这些努力体现了新加坡在数字货币领域的全面探索和创新，进一步巩固其作为全球金融科技中心的地位。

新加坡在 CBDC 发行和使用领域已迈入实质性阶段。除了参与多边货币桥 Dunbar 项目外，新加坡还在 2021 年发布了一份题为《零售中央银行数字货币：新加坡背景下的经济考虑因素》的报告，从经济角度探讨了零售型 CBDC 的潜在发行和使用。此外，MAS 在其 2022 年报告中提供了有关零售型 CBDC 项目 Orchid 的详细信息。这些报告呼吁进一步研究 CBDC 发行和使用的法律和监管考量，讨论所有权的法律问题，并提及全球正在密切关注 CBDC 监管框架的司法管辖区。尽管政策讨论相对成熟，新加坡尚未正式颁布关于 CBDC 的具体法规。

在开发 CBDC 之前，新加坡已修订了《2019 年支付服务法》（PS 法），为监管数字支付代币及跨境汇款服务和活动提供了框架。虽然 PS 法与 CBDC 并无直接关联，但其修订经验为设计和实施处理快速变化的支付服务技术和数字货币的监管框架提供了宝贵的借鉴。新加坡立法机构在 PS 法案的解读中，采用了模块化且以风险为中心的监管结构。模块化策略有助于制定与监管主题范围相匹配的规则，提供监管灵活性，并能快速应对变化的环境。基于风险的方法使监管机构能够根据各类主体活动的性质和规模，实施相应的监管措施。这种模块化方法是新加坡独创的，旨在应对技术变革带来的监管不确定性，同时维护市场竞争的诚信并支持创新。

新加坡的模块化战略与英国、澳大利亚和美国采取的方法形成鲜明对比。英国发布的《2022 年金融服务监管未来》考虑了技术的动态性质及其影响，但得出的结论是立法和监管需要保持技术中立。澳大利亚也持类似立场，2021 年法雷尔报告支持在制定针对创新生态系统的战略和政策时保持灵活监管。美国则采取了调查准备路线，但尚不清楚将遵循何种具体监管方法。中国香港同样采取了技术中立策略。

新加坡将模块化策略与基于风险的监管方法结合，展示了对技术动态性质及其快速发展的深刻理解。这种创新调整展示了新加坡在技术监管上的前瞻性，可能最接近实现支持合规性、可预测实施和清晰度的综合方法标准。新加坡的经验无疑为全球其他国家在 CBDC 监管方面提供了有益的参考和启示。

（三）美国：世界金融中心的审慎乐观

相较于其他发达经济体，美国在 CBDC，特别是零售型数字美元的发展上则较为缓慢。

1. 政策转变与批发型数字货币的推进

自 2020 年以来，美国逐渐改变此前在 CBDC 上的否定政策，正式加入全球 CBDC 的开发中。美联储在批发型数字货币的发展上取得了一定进展。2020 年 10 月，美联储主席鲍威尔在 IMF 年会上表示，美联储正在谨慎、认真、全面地评估 CBDC 的利弊，这是美联储首次对 CBDC 表现出正面态度。克利夫兰联储、达拉斯联储、纽约联储与美联储理事会合作，开展了数字货币影响研究。

美国的发展历程大致分为两个阶段。

第一阶段，2021 年以来的决策论证阶段。2021 年 2 月，鲍威尔在美国众议院金融服务委员会听证时指出，美联储在设计数字美元时需要保持谨慎，发行数字美元需要国会立法并授权。同年 3 月，鲍威尔在国际清算银行会议上表示，数字美元的潜在影响巨大，美联储在决策前将进行广泛咨询，强调做好设计比快速推出更为重要。同年 11 月，纽约联储正式启动纽约创新中心（NYIC），重点关注"货币的未来"，并与国际清算银行创新中心展开战略合作，进一步加强对 CBDC 等数字货币的分析研究。

第二阶段，2022 年的政策探讨与行政命令。2022 年，美联储发布了《货币与支付：数字化转型时代的美元》政策讨论文件，全面探讨 CBDC 的利弊。美联储对数字美元持审慎态度，表示在没有白宫和国会支持的情况下，不会独自发行数字美元。同年 3 月，美国总统签署了《关于确保数字资产负责任发展的行政令》，强调了美元、美国金融机构和市场在全球金融体系中的重要性。

2. 当前的两项试验项目

目前，美国对数字货币正在实施两项试验。

试验计划一：汉密尔顿计划。由麻省理工学院数字货币计划与波士顿联邦储备银行合作研究。该计划于 2020 年开始，研究划分为多个阶段，为期 2~3 年。第一阶段涉及构建和测试多个可能的 CBDC 体系原型。在后续阶段中，研究人员将通过编码和测试各种架构，评估技术取舍，了解它们对 CBDC 的影响。2022 年 2 月 3 日，波士顿联邦储备银行发布了题为《为央行数字货币设计的高性能支付处理系统》的技术报告，总结了汉密尔顿计划的当前进展。

试验计划二：数字美元项目。由非营利组织"数字美元基金会"和埃森哲咨询公司联合开展。该项目于 2020 年 1 月启动，旨在促进有关数字美元潜在好处的研究和讨论。数字美元项目计划启动至少 5 个试点项目，期望通过公众讨论来评估数字美元的价值，并探索未来的设计。它预计数字美元将通过双层银行体系分发，采用代币化、不记名票据（不记录所有权信息）的形式，以便在与私有加密货币（如 Diem）和银行支付系统的竞争中占据优势，同时保持在制定全球数字货币互操作性标准方面的主导地位。

美国的央行数字货币发展虽较为谨慎,但还是在逐步推进。美联储和美国政府希望通过科学研究和广泛讨论,同时在保障隐私保护和金融稳定的前提下,逐步实现数字美元的安全落地。

第七章

揭开数字人民币的面纱

一、数字人民币的关键概念

(一) 数字技术如何保障数字人民币的系统安全

数字人民币作为法定货币,替代了流通中的货币,是企业和居民账户中现金的数字化呈现。随着科技迅速发展和人们日常生活日益数字化,数字人民币势必成为未来发展的趋势。然而,在这个信息技术不断更新的时代,如何防止数字人民币遭受盗窃、仿冒或篡改,确保人民群众的财产安全,成为数字人民币运行机制的基石。基于区块链技术,《中国数字人民币的研发进展白皮书》特别强调综合使用数字证书体系、数字签名、安全加密存储等技术,实现不可重复花费、不可非法复制伪造、交易不可篡改及抗抵赖等特性,并已初步建成多层次安全防护体系,保障数字人民币全生命周期安全和风险可控。

1. 区块链技术如何为数字人民币所用

区块链技术的核心特点之一是交易的透明性和不可篡改性。在数字人民币的交易过程中,每一笔交易都会被记录在区块链上,形成一个不断增长的交易记录链。这些记录可以被央行验证和查看,从而实现了交易的透明性。同时,一旦交易记录在区块链上,几乎不可能被篡改或删除。每个区块都包含前一个区块的哈希值,形成了连续的链式结构。若有人试图篡改某个区块的数据,将会破坏整个区块链的连续性。央行能够检测并拒绝接受这样的篡改,确保了交易数据的不可篡改性。

区块链技术支持智能合约的执行,是一种能够在特定条件下自动执行的计算代码。数字人民币可以通过智能合约实现更安全的交易和资金管理。例如，可以设置智能合约来执行多方交易，确保资金只在满足特定条件时转移，从而防止欺诈和未授权交易。这种方式可以减少交易中的信任问题，提升交易的安全性。

区块链技术可以实现分布式的身份验证和权限控制。在数字人民币系统中，中央银行可以使用区块链来管理用户身份信息，确保只有经过授权的用户才能进行交易和访问。通过区块链的身份验证和权限控制机制，防止未经授权的用户进入系统，降低恶意攻击和欺诈行为的风险。

区块链技术还可以支持数字人民币的跨境支付和溯源。区块链有助于实现快速、安全、透明的跨境交易，减少中间环节的风险和成本。在商品溯源方面，区块链可以记录商品从生产到消费的每一个环节，确保产品的真实性和安全性。

与完全匿名、去中心化的区块链（如比特币或以太币）项目相比，数字人民币采用的中心化运营模式要求央行认证并接受交易双方的相关信息，以封堵黑客对用户数字人民币钱包的入侵途径，确保数字人民币的安全。此外，数字人民币大额交易都是实名制的，进入中心化运营的区块链后，可以进行全交易链的实名追溯，快速发现虚假交易，进一步加强数字人民币的安全。交易必须通过央行认证，从而消除"双花"问题，即一个用户将同一份资金花费两次。当然，中心化运营对央行自身系统的抗黑客入侵能力也带来了一定的考验。

2. 加密技术如何为数字人民币所有

数字人民币作为一种加密货币，其核心安全保障技术是加密算法，旨在确保交易安全、隐私保护及防范欺诈等问题。这种加密技术由国家密码管理机构定制与设计，核心在于建立健全的加解密算法体系，主要应用在数字人民币的币值生成、保密传输和身份验证等方面。尽管中央银行尚未正式公布数字人民币的加密技术，但可能会采用多种加密技术来保障其安全性。

3. 数字人民币中其他的安全措施

除了上述的加密和存储技术，数字人民币还采取了一系列安全措施，以确保其在整个生命周期内的安全性和风险控制。

（1）数字人民币钱包。数字人民币钱包是由运营单位为用户开立的特定载体，具备独特的可识别号码，专门用于存储法定的数字人民币。这类钱包主要分为软钱包与硬钱包两大类。软钱包作为一种数字人民币的应用程序，可安装于手机上，便于用户进行数字货币的存储、管理及使用。为确保私钥的安全使用，软钱包采用了多重身份验证机制，包括但不限于密码、指纹识别及面部识别等技术。硬钱包则采用实体介质，如IC卡、手机芯片、手环等，能够完全脱离互联网，实现冷存储，有效避免网络攻击和恶意软件的威胁。

（2）可控匿名。数字人民币提供了一种可控的匿名交易方式，允许消费者在进行支付时保护个人隐私。电商平台只能获取客户关联数字钱包时使用的手机号，防止个人隐私外泄。为了防范犯罪行为，数字人民币体系引入了"可控匿名"的概念，通过分级系统实现对可疑交易的监控，同时保护小额交易的匿名性。不同类别的数字钱包对应不同的身份信息和支付限额，确保对高额交易进行严格的身份验证。

（3）安全防范。在国家层面，数字人民币的发行与流通必须遵守相关法律法规与政策指导，强调加强个人信息保护。在金融机构层面，大数据中心通过大数据、云计算等技术，对海量的交易数据进行精确处理，保障交易的安全性，预防洗钱等违法行为。个人用户可以通过多重备份，将数字人民币信息保存在多个设备上，防止因设备损坏或丢失而导致信息损失。

总之，数字人民币的推出涉及多个层面的安全措施，从国家法律法规的制定到金融机构的技术实施，再到个人用户的安全意识和行为。这些综合性的安全措施共同确保了数字人民币的合法性、安全性及可靠性。

（二）数字人民币的发行和流通

数字人民币的发行和流通管理机制与实物人民币一致，但以数字形式实现价值转移。其具体实施不仅是技术问题，更是一项涉及货币政策、金融稳定和创新推动的重要任务。央行在制定发行策略时需要综合考虑多个因素，如货币供应量、支付体验改善、金融创新推动等。2014 年，中国人民银行成立了专项法定数字货币研究小组，开始对发行和流通框架、相关核心技术、预期发行流通环境及其他国际经验进行专项研究，目标是提升金融体系效率，优化支付方式，促进数字经济发展，同时确保数字货币政策的顺利执行。

1. 数字人民币的数字转化

数字人民币的数字化转换指的是将传统实物货币转变为电子形式，以适应数字化支付和交易环境。这一过程复杂且多面，涵盖技术、安全及便捷性等多个考量因素，旨在保障数字人民币在数字化支付系统中的价值准确传递与有效流通。

首先，中央银行需要构建数字人民币的发行与兑换体系。

在数字人民币体系下，实物人民币持有者可通过银行柜台、手机应用等途径，将实物货币兑换为相应的数字人民币。这一过程虽类似于传统货币兑换，但特色在于实物货币以电子形式转化为数字货币。

其次，在转换过程中需确保实物货币与数字人民币之间的精确对应。实物人民币都应与等值的数字人民币映射，以保障价值准确无误地传递。这需要依赖数字签名、加密等技术手段，以防范伪造、双重支出等风险。同时，数字人民币的转换还需注重实时性和便捷性，确保持有者在需要时能迅速、方便地将实物人民币转换为数字形式，满足数字支付与交易的需求。为此，需要建立高效的转换渠道和用户友好的界面。

最后，数字人民币的转换涉及复杂步骤和多重考量，旨在确保数字人民币的稳定、可信和可兑换，为人们提供更加灵活、便捷和安全的支付方式，进而推动数字经济的进一步发展。值得注意的是，数字人民币与一般虚拟货币存在根本性差异。虚拟货币（如比特币、以太币等）更多地被视为虚拟的数字商品，其价格波动剧烈，经济价值具有极高的不确定性，而且极易为犯罪分子提供洗钱等渠道，容易影响一国正常的经济金融秩序。数字人民币是由央行发行的法定货币，其本身具备真正的货币属性。因此，可以论证数字人民币本质上即为人民币，仅以数字形态予以呈现。在功能层面，数字货币与传统纸币完全等同，区别仅在于其以电子化形式存在，取代了实体现金的流通。就价值而言，数字人民币可直接等价值数字转化实体人民币现金货币的价值。

从功能上来说，数字人民币与实体人民币虽然存在功能上的差异，但在短期内数字人民币难以完全取代实体人民币，因此双方之间必然需要进行互相转换。由传统货币转换而来的数字人民币主要有两大功能：储存和支付。储存仅适用于小额现金，通常不会将大额资金用于数字货币。同样，数字人民币的支付也一般仅限于日常生活消费支出，不会完全替代所有的现金支付。因此，数字人民币的数字化转换不会取代银行的功能，也不会动摇银行的地位和生存发展能力。

人民币的数字化与实体化转换需依赖银行的媒介。通过数字人民币钱包向银行账号转账，可将数字人民币从钱包转移到银行账户，从而实现数字人民币向实体货币的转换。同样地，通过银行账号向数字人民币钱包转账，则可将实体人民币转化为数字人民币。

2. 数字人民币双层运营体系下的发行和流通

目前，数字人民币的架构采用双层运营体系，其发行与管理由央行负责，而兑换与流通服务则委托给特定的运营机构。图7-1详细描述了数字人民币在双层运营体系下的发行和流通特点。

（1）数字人民币的发行层。在发行层，采用联盟链技术构建统一分布式账本，央行将交易数据记录于链上，使运营机构能够进行跨机构对账、账本共同维护，并实现多点备份。数字人民币的发行过程包含三个关键要素。

首先，央行扮演核心角色，负责数字人民币的授权发行、回笼、额度管理和信息管理，并对商业银行的技术体系进行深入评估，以确保整个系统的安全性和稳定性。其次，指定运营机构在数字人民币发行中具有重要地位，不仅需向央行缴纳

100%的准备金，还需要履行KYC原则、反洗钱及用户隐私数据保护等法规责任，以保障数字人民币的合规性与安全性。目前，参与数字人民币建设推广的特定运营机构涵盖了六大国有银行（中国银行、中国农业银行、中国建设银行、交通银行、中国工商银行、中国邮储银行），以及招商银行、网商银行、微众银行等。最后，这些运营机构齐心协力，共同致力于数字人民币的推进与发展。

综合而言，这三个层面的密切协作构成了数字人民币发行层的关键要素，体现了多方参与、协同努力的理念。

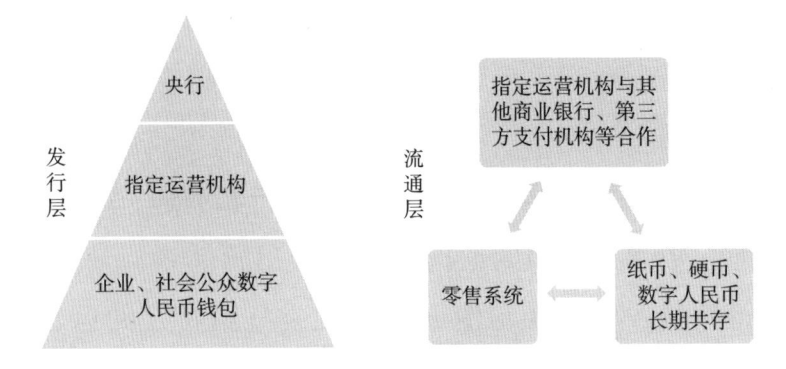

图 7-1　数字人民币的发行层与流通层

（2）数字人民币的流通层。在流通层，中心化架构实现了公众直接持有央行债权，从而支持高并发支付场景，并具备低延迟特性。所有跨机构的交易行为均通过央行的端口实现价值转移，确保了支付的效率和安全。数字人民币的流通层面存在三个关键要素。

首先，指定运营机构通过整合自身资源，与其他商业银行、第三方支付机构，以及涵盖互联网科技公司、核心技术企业和解决方案供应商的多个参与方进行广泛合作。这种协作模式在数字人民币系统的研发与推广中扮演着至关重要的角色，实现了多方资源的整合与共享，从而推动数字人民币的广泛应用。其次，数字人民币系统的研发和推广建立在零售系统之上，这使得数字人民币在零售环境中的应用成为推广的切入点和关键驱动因素。最后，在流通层，纸钞、硬币与数字人民币将长期共存，数字人民币的发展不是简单的替代现金，而是与现有货币体系共同存在的一种方式。

这三个要素共同构成了数字人民币流通层的核心机制，凸显了合作、创新和持续演进的理念。通过双层运营体系的构建，数字人民币在保障安全性和效率的同时，推动了数字经济的发展和货币体系的现代化。

3. 数字人民币的发行途径与渠道

中国人民银行是数字人民币发行的核心渠道。与中国人民银行紧密合作的商业银行在数字人民币的发行与流通中发挥着关键作用。中国人民银行会选择实力雄厚的商业银行作为指定运营机构，以确保推广工作的顺利进行。特别值得一提的是，数字人民币官方App——数字人民币钱包，是商业银行发行数字人民币的重要工具。用户通过下载并使用该应用，可以轻松创建数字人民币账户，进行兑换、存储与支付操作。除了商业银行，其他金融机构也可与中国人民银行携手成为数字人民币的发行与流通渠道，为客户提供数字人民币的存储、转账及支付服务。

政府部门和监管机构在数字人民币的发行中也扮演着重要角色。其利用社会福利、公共服务等途径向民众发放数字人民币，以推动数字人民币的广泛应用。例如，政府可以将社会救助、福利津贴等以数字人民币的形式直接发放给受益人，实现资金划拨的数字化，提高资金管理的效率与透明度。同时，政府还可在公共服务领域，如交通、教育等，积极推广数字人民币的使用，让民众更多地接触并适应数字支付方式。

商家和零售渠道对促进数字人民币在日常消费中的广泛应用具有关键作用。通过接受数字人民币作为支付方式，商家和零售机构为消费者提供了更为便捷、安全、高效的支付选择。这一过程不仅加速了数字人民币的流通，还为消费者带来了支付便利。商家和零售机构的广泛参与也为数字人民币的使用提供了丰富的实际场景，进一步拓展了数字人民币在支付生态中的影响力，增强了其作为法定货币的认可度，并推动了数字经济的发展。

4. 数字人民币的发行层技术架构："一币、两库、三中心"

数字人民币的发行层核心设计概括为"一币、两库、三中心"。图 7-2 详细展示了中央银行数字人民币发行层系统的总体架构。

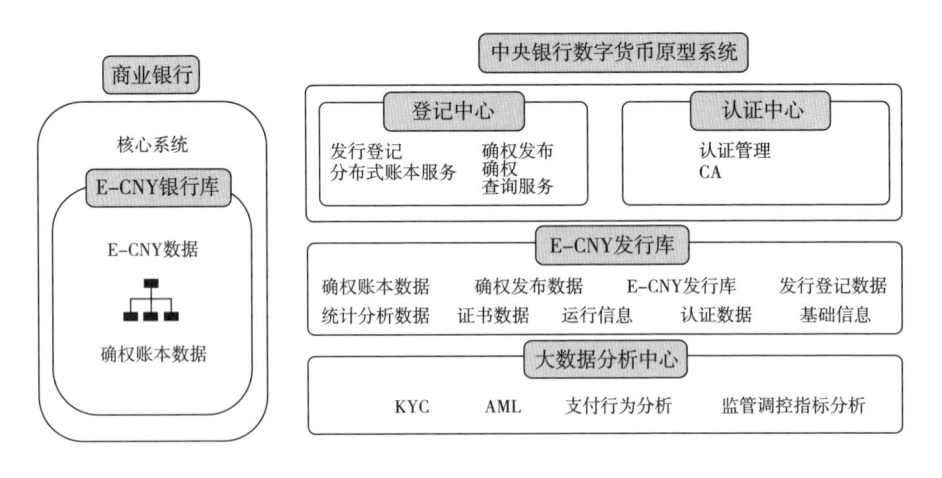

图 7-2　中央银行数字人民币发行层系统的总体架构

"一币"指的是数字人民币本身，它是由央行签名发行的加密数字串，代表特定金额的数字货币。这确保了数字人民币在发行和流通过程中的确定性和可信度，使其可以在数字化支付和交易中安全使用。

"两库"指央行的 E-CNY 发行库和商业银行的 E-CNY 银行库。央行的发行库负责数字人民币的发行和回笼，而商业银行的银行库用于管理数字人民币的流通。这包括记录确权账本数据，以跟踪数字人民币的所有权和交易历史；维护发行登记数据，详细记录数字人民币的发行过程；存储证书数据，确保数字人民币的安全性；保存认证数据，用于验证持有者的身份；维护确权发布数据，记录数字人民币的发行细节；提供统计分析数据，为数据驱动的决策提供支持；记录运行信息，确保数字人民币系统的正常运行；储存基础信息，如钱包开设和商业银行参与情况。这些功能共同构成了发行库的基础，为数字人民币的发行、流通和管理提供了坚实的基础。

"三中心"包括登记中心、认证中心和大数据分析中心。

其一，登记中心承担数字人民币全生命周期的登记任务，涵盖发行、流转及回笼等环节。登记中心运用分布式账本服务，保证央行与商业银行间数字人民币权属信息的一致性，从而维护交易的透明度和可追溯性；借助区块链技术，登记中心将特定权益、资产或所有权信息数字化并记录于区块链上，实现信息的公开透明。同时，登记中心还设立了确权查询平台，便于用户查询特定资产或权益的归属信息。

其二，认证中心作为用户身份信息的集中管理机构，全面负责认证流程的管理与维护。在数字人民币及网络安全领域，认证中心的工作涵盖用户注册、身份验证、访问控制等多个方面，以确保系统安全合规。此外，其还承担颁发数字证书的职责，所颁发的数字人民币证书在网络通信中用于验证通信方身份和数据完整性。在数字证书应用领域，认证中心积极参与数字人民币的身份认证和数字签名过程，确保交易的真实性和安全性。

其三，大数据分析中心在数字货币与金融领域发挥着重要的作用。通过对海量数据的深度分析与处理，为洞察市场、监管合规和决策支持提供有力依据。包括实施 KYC 流程，验证客户身份和背景信息，有效预防金融犯罪和洗钱活动。同时，大数据分析中心还负责反洗钱工作，通过交易数据分析识别可疑资金流动和高风险交易行为。大数据中心负责深入分析支付行为数据，挖掘消费者行为、支付习惯和交易趋势等信息，助力银行和商家优化支付服务。此外，监管调控指标分析也是其重要职能之一。通过分析市场数据，提供监管指标分析和报告，帮助监管机构识别潜在风险并制定相应政策。

"一币、两库、三中心"设计在数字人民币的发行、流通和安全性等方面发挥了关键作用。通过确保发行的稳定性和可信度、提供可控的匿名设计以及建立有效的监管机制，这一架构为数字人民币的推广和应用提供了坚实的基础，同时也体现了对数字货币创新和未来发展的前瞻性思考。

5. 数字人民币的流通方式

央行指定运营机构包括中国银行、中国建设银行、交通银行、招商银行、网商银行（如支付宝）、中国农业银行、中国邮政储蓄银行、中国工商银行及微众银行（如微信支付）。上述银行在数字人民币的流通中扮演着重要角色，参与数字人民币的发行、回笼和兑换等关键环节。通过广泛的网络和多样化的服务能力，为公众提供了数字人民币的兑换、存储和支付等各种渠道。

另一个重要的流通渠道是第三方支付机构。其中，支付宝是由阿里巴巴集团创办的移动支付平台，拥有庞大的用户基础和丰富的支付场景。银联商务作为银联旗下的支付子公司，扮演着整合银行体系与商户的角色，具备广泛的支付网络。财付通是腾讯旗下的支付平台，通过微信等社交媒体平台实现了支付与社交的融合，推动了数字支付的普及与便利。

清算机构作为交易的中间人，负责验证和确认交易的有效性，确保交易双方的资金结算准确无误。通过风险管理措施降低交易风险，监测异常交易模式以减少欺诈和洗钱风险。清算机构还维护系统的流动性，确保资金供应满足交易需求，记录交易数据以备审计和金融分析之用。因此，清算机构的存在确保了数字人民币交易的安全性、效率和可靠性，为数字人民币的流通提供了支持。

值得注意的是，数字人民币的流通方式灵活多样，扫码支付和移动支付应用成为主要的支付手段。扫码支付的便捷性在于用户只需使用手机扫描商家提供的二维码，即可完成交易，无须携带实物钱币。移动支付应用的普及也为数字人民币的推广提供了强有力的支持，用户可以通过各种支付应用在日常生活中进行数字人民币支付，极大地方便了人们的生活。

在数字人民币的线上线下应用场景中，除了购物和支付外，数字人民币的应用还拓展到了更多领域。例如，公共交通系统支持数字人民币支付，使人们在地铁、公交等交通工具上更加便捷地完成支付。此外，数字人民币在餐饮、娱乐、医疗等领域也实现了广泛应用，提升了支付的便利性和快捷性。

与此同时，数字人民币的流通层采用了中心化架构，这一设计确保在高并发支付场景下能够保持低延迟的特性。公众直接持有央行债权，交易过程在央行的参与下进行，确保了支付的高效性和安全性。这为数字人民币的推广提供了坚实基础，使其能够更好地适应现代社会多样化、高频次的支付需求。

最后，数字人民币不仅在国内有着广泛应用，还具备跨境支付和国际合作的潜力。通过数字人民币进行跨境支付，可以加速交易结算流程，提升效率，降低成本，从而促进国际贸易的便利性。这将进一步推动数字人民币在国际范围内的推广和应用，为国际金融合作和经济发展注入新动力。

二、数字人民币的应用大观园

2020年10月9日，深圳市政府与中国人民银行合作，通过摇号抽签方式向深圳市民发放了5万个数字人民币红包，每个价值200元。这次活动不仅是我国数字人民币的首次外部试点，也首次向社会公众揭开了数字人民币的神秘面纱。

从2021年11月至今，数字人民币领域迎来了政策和事件的密集发布期，应用场景也在不断扩大。本书将通过以下六个场景详细探讨数字人民币的应用实例。

（一）数字人民币买菜、收工资，告别跨行转账烦恼

在此场景下，数字人民币主要用于对私零售端支付和薪资发放等对公民生类支付。老百姓使用数字人民币钱包后，买

菜、付水电费更方便了，工资也可以实时到账，不再有多个银行账户之间跨行转账的烦恼。

数字人民币是零售型数字货币，试点地区的应用场景集中在交通出行、餐饮娱乐、文化旅游、政务缴费等与市民生活密切相关的领域。2022 年，数字人民币（试点版）App 在各大安卓应用商店和苹果 App Store 上线。试点城市的用户只需使用手机号码注册，即可选择开通九家银行（中国工商银行、中国农业银行、中国银行、中国建设银行、交通银行、中国邮政储蓄银行、招商银行、网商银行、微众银行）的数字钱包。拥有数字钱包后，用户可以实现数字人民币的线下收款与支付，使用方式与支付宝、微信支付等电子支付工具相似。

数字人民币的子钱包是指数字人民币钱包应用中的一种钱包类型，用于特定的用途或场景。子钱包包括日常消费子钱包、交通子钱包、电子票务子钱包、公共事务子钱包或跨境子钱包。其中，日常消费子钱包通常用于日常购物、餐饮和娱乐等消费场景；交通子钱包专门用于支付公共交通费用，如地铁、公交车和出租车；电子票务子钱包用于购买电影票、演出门票、火车票和飞机票等；公共事务子钱包用于支付政府服务费用、水电费、税款等；跨境子钱包则用于处理国际汇款和跨境交易。

数字人民币 App 已在子钱包页面上线了多家商户，并打通了美团、京东、滴滴出行等 92 个主流线上消费平台的结算渠道。用户在进行支付时，可以在数字人民币 App 首页用"扫一扫"扫码对方收款二维码支付数字人民币；收款时则需要下拉数字钱包页面，显示收钱码，他人可通过扫描二维码向数字钱包持有人付款。

使用数字钱包前，用户需要先为数字钱包充值，可以通过手机银行或银行卡转入。之后需要将商户添加进子钱包进行授权，随后在商户的线上平台正常下单或使用，在"选择付款方式"处选择数字人民币子钱包，即可完成数字人民币线上支付。此外，自2022年起，支付宝加入数字人民币受理网络，成为首家支持数字人民币钱包快付功能的支付平台。用户可以在支付宝服务的平台和场景使用数字人民币消费，如淘宝、上海公交、饿了么、友宝、天猫超市、盒马、喜马拉雅等。自2022年"双十二"起，淘宝也分批开放接入数字人民币支付功能。

除了线上消费外，数字人民币还可用于工资和补贴的代发。例如，2022年7月，苏州市相城区、太仓市等地开始实施政府、事业单位、国企部分工资、交通补贴的数字人民币代发。江苏省常熟市从2023年5月起对在编公务员（含参公人员）、事业人员、各级国资单位人员实行工资全额数字人民币发放。单位开通对公钱包后，只需输入员工姓名和手机号即可向员工个人钱包发工资。员工只需下载数字人民币App，在线开通个人数币二类钱包，即可收工资。收到工资后，可免费转到绑定的常用银行卡，也可直接使用数字人民币进行便捷支付。

在民生领域，数字人民币还可用于税款、学杂费等非税缴纳。例如，青岛市税务局已全面实现各纳税缴费场景的数字人民币应用落地，包括通过三方协议签约渠道、试点银行柜面渠道、办税服务厅POS机渠道、电子税务局等线上渠道以及跨省异地纳税人使用数字人民币进行纳税缴费和退税费等。

（二）数字红包满天飞，节日惊喜到手软

数字人民币红包是智能合约的一个主要应用场景，其发放原理基于数字人民币钱包应用程序和区块链技术。发放者使用钱包应用程序创建一个特定金额的红包，设置金额、数量、有效期等参数。钱包应用程序能够依据用户设置生成一个数字人民币红包，可以将该红包拆分为多个小份额，每份额均附带独一无二的标识符，与区块链上的智能合约相关联。发放者可以选择通过发送红包链接、提供二维码扫描或直接输入接收者的手机号码等多种方式分享红包。当接收者收到红包后，只需使用数字人民币钱包 App 点击红包链接或扫描二维码，一旦完成验证，就可领取红包中的相应份额。领取成功后，该份额的金额会立即转入接收者的数字人民币钱包，并显示为可用余额。若红包设定了有效期限，但在截止日期前未被全额领取，那么剩余的金额将会自动退回到发放者的数字人民币钱包中。

多家银行开始发放数字红包，旨在宣传和推广数字人民币，并推动特定领域的消费增长，体现了因地制宜及普惠金融下沉的特点。例如，2023 年多家银行推出了满减消费红包、首次开通福利、校园数字人民币消费券、报名抽签等多种形式的数字红包。这些活动由邮储银行、工商银行、农业银行、西安银行等多家大型银行及农村商业银行等中小银行发起。

中国工商银行无锡分行在 2023 年 5 月组织了江南大学校园数字人民币消费券活动，面向师生发放满 15 元减 10 元的数字人民币消费券。中国银行大连市分行在 2023 年 7 月打造了数字人民币智慧食堂场景，并推出数字人民币支付满返优惠活动。自 2022 年以来，各试点地区政府围绕促进消费、低碳出

行等主题累计开展了近30次数字人民币消费红包活动。通过数字人民币红包的推广活动，数字人民币在公众中的接受度和使用率得到了显著提升，不仅方便了日常支付，也促进了消费增长和经济发展。

（三）商业保理业务携手数字人民币，化解信任难题

在央行数研所（中国人民银行数字研究所）的专利"一种数字货币的间接支付方法和系统"中，介绍了数字人民币智能合约在商业保理中的应用。商业保理是指卖方、供应商或出口商与保理商之间存在的一种契约关系。根据契约，卖方、供应商或出口商将其基于与买方（即债务人）订立的货物销售或服务合同所产生的应收账款转让给保理商，由保理商提供贸易融资、销售分户账管理、应收账款催收、信用风险控制与坏账担保等服务中的至少两项。

保理业务通常要求买方直接还款给保理商，但实际操作中存在诸多困难。除了保理商对接买方多样化支付方式的操作复杂外，还有买方企业的财务制度要求付款对象必须与发票出票方一致，这使得买方无法直接付款给保理商，存在转付风险。这种情况在金融和商贸领域也很普遍，涉及代收业务时，付款方无法直接将资金付款给最终收款方，而是通过中间代收方代收再转付，从而增加了转付风险。

在这一应用场景中，保理业务中的买方、卖方和保理商可以统一使用数字人民币进行支付。保理商使用数字人民币放款给卖方，买方使用数字人民币支付贸易款项给保理商作为融资回款。买方客户端使用基于智能合约的数字人民币间接支付功能进行回款，买方客户端以数字人民币向卖方客户端支付货

款，并通过智能合约限制和管控卖方将应付保理商的金额转付给保理商，从而避免卖方信用风险对保理商的影响。数字人民币在保理业务中无须第三方参与，也无须新开立监管账户，解决了付款方与最终收款方之间多个中间环节的问题。

数字人民币的商业保理业务也已经实际落地。2022年4月，云链（天津）商业保理有限公司在全国首次推出"数字人民币＋贷款发放＋保理业务"的供应链金融场景，成功实践了通过商业金融机构完成贷款发放的案例。2023年5月，海控集团子公司青岛海控商业保理有限公司（简称"海控保理"）成功落地青岛市首笔"数字人民币＋保理融资"业务，金额约200万元。

通过引入数字人民币，商业保理业务中的信任问题得以有效解决，交易流程更加简便、安全，极大地提升了金融业务的效率和可靠性。这一创新应用不仅展示了数字人民币在金融领域的巨大潜力，也为更多类似业务提供了借鉴和范例。

（四）智能合约赋能，担保交易灵活

央行数研所的专利"一种数字货币的支付方法和支付系统"介绍了数字人民币智能合约在第三方担保交易中的应用。在电子商务领域，由于买卖双方往往不进行面对面交易，因此通常依赖第三方平台来保障交易流程。以支付宝的担保交易为例，买方先将款项支付至第三方的支付宝账户；然后，卖方发货；待买方确认收到货物后，第三方支付宝再将款项转给卖方，有效缓解了卖方信用不足的问题。然而，第三方机构自身也可能面临信用风险，且大量资金滞留在这些第三方担保账户中，可能会引发资金安全隐患。相比之下，数字人民币能够利用智能合约技术，实现买卖双方无须第三方信用担保的直接交易。用户能够设定智能合约来管控付款，由数字货币系统自动执行合约，并在预设条件达成时自动完成资金转移。

在此场景中，买卖双方会共同商定交易条件，并据此创建智能合约，其中涵盖商品详情、价格、交付方式及时间等关键信息。可利用数字人民币系统的智能合约功能，将这些交易条件编程入合约中。智能合约作为一种自动执行的程序，能够根据预设条件自动触发数字货币的转移。当买家购买商品或服务时，可以选择将数字人民币付款与特定的智能合约相绑定。只有在所有预设条件均得到满足时，付款才会被释放给卖方。

一旦智能合约被创建并与付款相关联，数字人民币系统可以监控与合约相关的条件，包括时间触发、特定事件触发（如商品的交付确认），或其他自动执行条件。一旦条件满足，例如买方确认收到商品或服务并表示满意，智能合约将自动执行，释放数字货币给卖方。这一过程自动完成，无须第三方机构介入。如果交易过程中发生争议，数字货币系统可以提供记录和证据，帮助双方解决争议，增加了交易的透明度和可追溯性。数字人民币系统的智能合约功能还能够帮助买卖双方自主管理和执行交易，无须信用担保机构的参与。这降低了交易成本，提高了交易效率，减少了对中介方的依赖。智能合约提供了更高的安全性和可信度。

数字人民币作为一种广泛适用的支付工具，可灵活应用于各类线上和线下场景，涵盖了零售、金融、服务等多个行业领域。相比之下，第三方担保服务则更多地被用于在线购物和电子商务交易中，为用户提供额外的支付保障。用户可以根据具体的支付需求，选择最适合自己的支付方式。

（五）数字人民币在手，手机炒股无忧

法定货币的基本职能是价值尺度、价值贮藏和交换媒介。目前试点中的数字人民币多用于交易媒介，应用在线上和线下交易。然而，数字人民币的推广离不开在金融市场中的深度应用，例如存款、支付结算、缴纳税费、发放贷款等。数字人民币需要在金融市场中被广泛接受，以确保投资者和交易者可以方便地买卖和使用它。深度应用可以促进数字人民币在金融市场中的广泛使用，提高其流动性。

2023年6月，中国工商银行与中国银河证券合作，正式上线"三方存管体系下数字人民币投资场外理财产品"试点项目。该金融科技创新获中国证监会批准上线，是数字人民币首次在投资场外理财产品场景中的应用。用户可在银河证券App上绑定工商银行数字人民币钱包，使用数字人民币支付下单，购买带有数字人民币标识的基金产品。工商银行作为存管银行，对用户的资金进行管理和监督，银河证券作为基金公司，负责管理该理财产品的投资。在该试点项目中，银河证券和工商银行充分利用数字人民币的支付即结算、可加载智能合约、可追踪、不可非法伪造复制的技术优势，实现了7×24小时下单，随时满足投资需求。赎回提现也可提前一天，大大提高了资金流转效率，提升金融运行效率。数字人民币的智能合约、可追踪性及不可伪造性大幅提高了投资者资金安全，防范洗钱等违法交易行为。

除了证券投资，数字人民币在保险领域也有了新应用。2020年12月，众安保险与建设银行启动了数字人民币在保险线上场景应用的合作，全国第一张使用数字人民币支付的保单成功出单。2022年8月，浙江省首笔使用数字人民币支付保费的农业保险保单成功落地。同时，东吴人寿在上线数字人民币收付费通道后，完成首单数字人民币在线投保和首单"苏惠保"数字人民币理赔。2023年，广州"穗岁康"实现投保服务再升级，新增一键续费功能、云闪付和相关银行数字人民币投保入口等。2023年5月，江苏省"吴优数险"正式落地，保险费用及理赔款均采用数字人民币支付。保险业的应用场景已扩展至保费缴纳、理赔等多个领域，覆盖了保险购买、索赔处理、保费支付等多个业务流程。

数字人民币在保险中的应用具有多方面的优势。在便捷度上，数字人民币可以通过手机或电子设备进行支付，提供了高度便捷的支付方式，降低了交易成本。在结算上，数字人民币的实时结算可以迅速完成支付和索赔，减少了等待时间。在价值发掘上，基于数字人民币，保险的账户价值可以得到更好发挥，为消费者提供多方位、多险种、多层次的保险保障。在安全性上，数字人民币交易记录在区块链上，提供了高度的透明度和安全性。合同和索赔记录可以被永久存储，不容易被篡改。同时，保险公司也可以推出相应的产品，如数字人民币账户安全保险、数字人民币支付安全保险等。在隐私性方面，借助数字人民币可溯原则，可以解决保险事故发生后匿名保单的理赔问题，如景区的公众责任保险。

数字人民币在贷款场景应用上也取得了进展。2023年5月，湖南某食品有限公司成功在线上支用一笔200万元数字人民币小微易贷，标志着邮储银行湖南省分行数字人民币企业贷款成功落地。此前，苏州银行、江苏银行无锡分行、昆山农商行及农业银行江苏太仓分行都成功发放了不同额度的数字人民币贷款。广州住房公积金管理中心在2023年6月19日成功利用数字人民币发放了首笔总额为48万元的贷款，此举标志着住房公积金的缴存、提取、贷款等主要业务场景均已实现了数字人民币应用的全面覆盖。

总体上，数字人民币在金融领域的应用仍处于试点阶段。技术上，数字人民币要实现全国范围内的大规模应用，必须依赖于坚实的技术基础设施和高效的网络支持，才能确保交易处理的高并发性和快速响应。在法律层面，当前监管体系尚不完善，缺乏一个明确的法律框架来规范数字人民币的使用与交易，并清晰界定相关各方的权利与责任。此外，数字人民币的应用还须严格遵循反洗钱和反恐融资的国际规定，涉及在国际合作中解决法律一致性的问题。在安全性方面，数字人民币须部署强大的网络安全措施，以抵御网络攻击和数据泄露的风险。同时建立反欺诈机制，精准识别数字人民币交易中的欺诈行为。考虑到用户可能面临私钥丢失或密码遗忘的情况，监管部门应设计必要的资产恢复机制以应对此类问题。在市场接纳度方面，数字人民币需要时间来逐步建立市场信任，并且必须与传统金融系统实现无缝对接，确保与现有金融服务和产品的互操作性。

（六）数字人民币全球通，海淘购物无烦恼

央行数字货币在跨境支付中的应用自2020年起就是G20框架下的一个重要研究课题。BIS的支付与市场基础设施委员会（CPMI）在给G20关于改进跨境支付的报告中，提出了将国际维度纳入央行数字货币设计，并提出了改进跨境支付的路线图，研究了央行数字货币在跨境支付中可及性和互操作性方面的具体选项。跨境支付被认为是央行数字货币超越传统支付手段的重要方面之一。

多边央行数字货币桥是央行数字货币跨境结算的主要方式，通过这一桥梁，一些央行及国际组织讨论 CBDC 跨境支付合作的可能性。多边央行数字货币桥包括 mBridge、Dunbar、Jura、Aber 及 Stella 项目。其中 mBridge 由 BIS 创新中心牵头，中国人民银行、香港金融管理局、泰国央行、阿联酋央行等参与，探讨分布式账本技术及 CBDC 在增强金融基础设施、支持多币种跨境支付方面的潜力。

中国人民银行对数字人民币在跨境支付中的应用一直采取开放但审慎的态度。《中国数字人民币的研发进展白皮书》（2021 年）指出，虽然数字人民币设计和用途主要是满足国内零售支付需求，但它具备跨境使用的技术条件。中国人民银行数字货币研究所联合环球同业银行金融电讯协会（SWIFT）成立合资公司，并加入了央行数字货币桥（mBridge）项目。在 2022 年冬奥会、冬残奥会期间，外国来华人士可以在中国境内使用数字人民币进行小额便民的跨境支付。然而，数字人民币的跨境结算仍面临货币替代风险、资本流动风险及金融政治风险等挑战，因此，中国人民银行一直持审慎态度。

数字人民币跨境结算的试点主要发生在中国内地和香港之间。2022 年，香港金融管理局与中国人民银行数字货币研究所推进数字人民币跨境支付在香港的测试，包括引入更多香港银行参与测试，并通过快速支付系统"转数快"为数字人民币钱包增值。目前测试已进行到第二阶段。新冠疫情后，深圳市罗湖区于 2023 年 2 月举办了数字人民币跨境消费嘉年华活动，面向深港异地家庭或亲友、来深港人两大群体，跨境权益精准投放，送出 1000 万元数字人民币红包，涵盖餐饮、酒店、商超、珠宝、家装家电等多个领域。其他试点包括江苏省徐州市淮海国际陆港物流场景应用，在徐州中欧班列运营管理平台中嵌入数字人民币，支持数字人民币缴纳货物港务费、停泊费等费用，促进区域联动发展。浙江杭州滨江区则落地首批多场景跨境客户数字人民币收付及工资代发业务，例如为企业实现直接将外汇资金结汇后进入数字钱包并完成后续数字人民币工资代发。

数字人民币的多样化应用展示了其在现代支付和金融系统中的广阔前景。在零售支付和薪资发放方面，数字人民币简化了交易流程，提高了支付效率，带来了便捷的支付体验；在红包和节日消费中，数字人民币通过智能合约实现了更灵活的红包发放和接收，增添了节日的喜庆氛围；在商业保理中，数字人民币解决了信任难题，优化了交易安全性和效率；在第三方担保交易中，智能合约赋予了交易更高的灵活性和可信度；在证券投资领域，数字人民币拓展了投资理财的场景，提高了资金流转效率和安全性；在跨境支付中，数字人民币展示了其潜力，促进了国际贸易的便利性和透明度。

通过这些应用场景，数字人民币不仅优化了传统支付模式，还开创了新的金融服务方式，体现了其在提升支付效率、安全性和透明度方面的巨大优势。随着技术的不断进步和监管框架的完善，数字人民币有望在更广泛的场景中实现深度应用，推动中国及全球金融市场的创新和发展。

三、数字人民币：舞动社会经济发展的新旋律

（一）数字人民币：金融系统的"大文章"

数字人民币是由中国人民银行发行的数字化法定货币，对中国金融体系产生了深远且多元化的影响。数字人民币的推出改变了传统货币交易的方式，使交易更加便捷、快速和安全。随着数字人民币的普及，金融机构的发展和创新将得到进一步推动，金融市场的广度和深度也将随之拓宽，普惠金融服务的覆盖范围得到优化。这一新货币形态的出现，为中国金融市场注入了新的活力，推动我国金融体系向更高层次、更广领域发展。

1. 数字人民币对交易模式的影响

数字人民币本质上是数字化的人民币，其最重要的作用是作为交易媒介。数字人民币的推出对交易模式产生了深远的影响，改变了人们的支付方式，增强了人们对数据隐私的重视，同时也为金融交易监管提供了重要的支持。

（1）对支付方式的影响

数字人民币的推出将引领支付方式的革新。与传统的现金支付和银行卡支付相比，数字人民币作为基于数字化技术的新型货币形式，独具特色。通过手机、平板、电脑等电子设备进行交易，数字人民币让人们无须携带现金或银行卡，即可轻松实现支付。这种新型支付方式不仅方便快捷，还具有高效安全的特点，将为人们的日常生活带来更多的便利。

数字人民币具有支付便捷的比较优势。与传统银行转账及

信用卡支付相比,数字人民币的支付速度优势显而易见。快速支付特性不仅有效避免了因长时间等待而引发的效率低下的问题,还使消费者能够摆脱传统支付方式所带来的时间与精力消耗。此外,数字人民币的快速支付便利也极大地助力商家提升销售效率、削减交易成本,进而更好地迎合消费者的需求。

数字人民币具有支付安全的比较优势。数字人民币的数字签名技术和区块链技术,为用户的资金安全筑起了坚实的防线,使支付过程更加安全可靠。与传统现金交易和银行卡交易相比,数字人民币的支付安全实现了显著提升,极大地降低了盗窃和伪造的风险。

数字人民币具有利于环保的比较优势。数字人民币的普及有助于减少现金的使用,进而减少了纸张和印刷等资源的消耗,具有环保性的比较优势。在当前信息化与环保意识日益增强的时代,数字支付与环保事业相得益彰,有助于共同推动社会的进步与发展。

(2) 对数据隐私的保护

使用加密技术。数字人民币采用了区块链和分布式账本等先进技术手段,对用户及交易数据进行加密和匿名化处理。其一,关于区块链技术。区块链是一种去中心化的分布式账本技术,可以记录交易数据并保证数据的安全性和不可篡改性。数字人民币的交易数据被加密处理,只有拥有相应权限的用户才能查看交易详情,从而保障了用户的隐私和安全。其二,关于分布式账本技术。分布式账本技术将交易数据存储在多个节点上,并保证数据的一致性和完整性。基于此,数字人民币的交易可以被多个节点验证,从而提高了交易的可信度和透明度,有效防止欺诈和假币等行为的发生。

保护个人隐私。一方面，使用数字人民币需要先进行身份验证，具体流程包括用户注册、身份信息填写和实名认证等步骤。数字人民币的身份验证流程严格按照相关法律法规进行，确保用户的个人信息不会被泄露或滥用。另一方面，如果用户发现自己的个人信息被泄露或滥用，可以及时向相关部门举报，维护自己的合法权益。此外，数字人民币的运营机构和相关监管机构也需积极加强数据安全和隐私保护的宣传和教育，提高用户的数据安全意识，并鼓励用户在日常生活中多关注自己的隐私保护。

合规安全等级。数字人民币的运作需严格遵循国家法律法规和技术标准，实施分级管理，针对不同重要程度，各个环节皆需采取相应的安全措施，以确保资金的安全稳定。为确保安全性，必须按照安全等级保护标准严控风险，在研发、测试、应用等各阶段发现并解决潜在安全隐患，及时更新修补漏洞，确保系统的安全稳定。此外，数字人民币的发行和使用涉及大量关键数据和机密信息，必须采取严格的安全措施确保其保密性、完整性及可用性，任何单位或个人不得泄露、篡改或非法获取这些信息，否则将承担严重的法律责任。

强化监管措施。数字人民币的交易活动具有匿名性、跨境性等特点，容易成为洗钱、诈骗等犯罪行为的工具。监管部门需建立快速响应机制，及时处理和解决各种安全威胁和风险。对于数字人民币的交易活动，应建立健全信息披露制度，鼓励市场主体积极参与信息公开和信息披露。此外，监管部门需要加强疑点追踪和违规惩戒，并对违规行为进行严厉惩戒，形成有效震慑，确保数字人民币交易的安全性和规范性。

（3）对交易监管的加强

实名制账户。在进行数字人民币交易时，用户需完成实名制认证，包括人脸识别、身份证号码校验等一系列步骤。实名制的做法有助于遏制洗钱、诈骗等犯罪行为，确保金融交易的安全性和可靠性。同时，数字人民币的实名制还使得对违规用户和可疑交易的监控变得更加容易。一旦发现异常交易或可疑用户，相关部门能立即对相关账户采取限制措施。

智能合约功能。通过编写智能合约，数字人民币可以自动化执行合约条款并强制执行还款等事项。可以帮助监管机构更好地了解借款人的信用状况和还款能力，从而更好地评估风险。同时，智能合约功能能够减少人为错误，提高监管的准确性和可靠性。此外，智能合约功能还可以帮助监管机构更好地掌握金融交易的信息和数据，为制定监管政策提供支持。

2. 数字人民币对金融机构的影响

数字人民币的推广使用对金融机构的转型升级具有重要的影响。在数字人民币的推广和普及过程中，以商业银行为代表的传统金融机构将面临一系列的挑战和机遇。为适应这一变革，金融机构需要不断创新、持续转型，以实现长期发展。

数字人民币的发展促进了金融机构的技术创新。为了适应数字人民币的流通和交易需求，金融机构积极探索和研究数字技术应用，涉及支付结算系统、风险控制系统和客户服务系统多个方面。其一，为了满足数字人民币交易的需求，金融机构与科技企业紧密合作，共同打造出安全性能更高、效率更优、使用更为便捷的支付结算系统。探索利用区块链技术来促进数字人民币的跨境支付与结算，以此提升支付效率，降低成本与风险。其二，金融机构深入研发风险控制系统，建立健全风险管理制度，运用人工智能与大数据技术，对交易活动进行实时监控与深度分析，从而能够及时发现并妥善处理各类风险事件。其三，金融机构积极研发新型客户服务系统，以适应数字人民币交易对便捷性与高效性的高要求。

数字人民币的推广促进了金融机构的产品创新。为了满足客户对数字人民币的需求，金融机构积极开发了多种新型金融产品和服务。例如，数字人民币理财产品、数字人民币贷款产品、数字人民币保险产品等。

数字人民币的推广有助于提高金融机构服务转型。随着数字人民币的普及，客户对金融服务的需求也日益多元化。数字人民币的流通和交易不仅局限于大城市，其服务范围还覆盖到更多的县域、乡村等偏远地区，有助于缩小金融服务的差距，提高金融服务的普及率和均等化水平。

3. 数字人民币将引领普惠金融的未来

（1）提高普惠金融覆盖面

提升金融服务普及率。数字人民币的推广将显著提高金融服务的普及程度。传统金融服务往往依赖于实体银行机构和ATM等物理设施，而数字人民币的引入则彻底颠覆了这一局面。通过手机、电脑等电子设备，数字人民币将实现全天候、全地域的金融服务。这不仅大大扩展了金融服务的覆盖范围，使城市和农村、年轻人和老年人都能便捷地获取金融服务，也彻底改变了传统金融服务受地理位置和经济条件限制的局面。

尤其在农村地区，数字人民币的推广将使更多农民享受到便捷的金融服务，推动农村经济的发展。通过数字人民币，金融服务得以延伸至更广泛的人群，实现经济普惠和金融市场的完善。

降低金融服务门槛。数字人民币的推广将大幅降低金融服务的准入门槛。在传统金融领域，许多社会群体由于无法满足资产证明、收入证明等要求而被排除在金融服务之外，导致其无法享受最基本的金融服务，进而加剧了社会贫富差距。数字人民币的引入有助于降低金融参与门槛，使更多人能够享受到金融服务，有助于消除金融排斥现象。

（2）提升普惠金融质量

数字人民币的推广有助于提升金融服务的公平性与普惠性。金融可得性一直是影响金融参与的重要因素。数字人民币的发展为提升金融可得性提供了良好的契机，同时也提高了金融服务的公平性。随着数字人民币技术的不断提升，普惠金融服务的质量也得以提高。此外，数字人民币实现了快速、安全的跨境支付，使国际间的金融交易更加便利。这些技术手段的提升极大地提高了金融服务的效率和质量，为普惠金融的发展提供了强大的技术支持。

（3）加强普惠金融监管

传统金融体系中的监管难度和信息不对称问题，使许多违法犯罪活动得以存在，而数字人民币的监管机制可以实时监控交易活动，追踪资金流向，及时发现和打击违法犯罪活动，提高信息透明度，减少信息不对称，进一步增强金融业的稳定性和可持续性。

4. 数字人民币对供应链金融的影响

(1) 破解传统模式痛点问题

作为金融与实体经济的重要枢纽，供应链金融实质上是金融机构基于核心企业，为其上下游的中小微企业提供金融服务。然而，传统模式下的供应链金融仍然存在操作周期长、企业间信任难以建立、较少触及下游等痛点问题。在过去的供应链金融业务中，对于未开立指定银行账户的客户，需要跨地区开户，操作成本高、效率低。为了解决这些问题，考虑到数字人民币的便利性特征和低门槛特性。2023 年，某大型互联网公司与中国工商银行联手推出了基于数字人民币智能合约的可编程供应链金融全链路解决方案，为供应链金融提质增效提供了一条新路径。

首先，数字人民币的对公钱包可以远程开立，节约了企业线下开户所需的时间。其次，利用数字人民币的智能合约，企业可以实现资金流、信息流和合同流的"三流合一"，减少了操作环节，符合财税审计要求。这种解决方案不仅提升了产业链上下游中小微企业的整体融资体验，提高了资金融通效率，缩短了资金使用周期，而且还降低了运营综合成本。最后，数字人民币的可追溯性和强信用特性，使供应链金融业务中的身份核验、风险识别和信用担保问题得到较好的解决，从而减少了产业链核心企业与上下游中小微企业及金融机构之间的信息不对称，进一步减轻了对核心企业担保的依赖，为解决中小微企业融资难、融资贵的问题作出了贡献。

(2) 推动供应链金融业务创新

数字人民币的发展有助于推动供应链金融业务创新。在设计方面，数字人民币的可编程性可以通过加载不影响货币功能的智能合约得以实现。在确保安全与合规的前提下，数字人民币可以根据交易各方商定的条件和规则进行自动支付交易。作为数字形式的法定货币，数字人民币在建立支撑智能合约应用的生态方面具有显著优势。

企业基于数字人民币智能合约约定特定的信贷要素信息、指定的交易对手信息、借还款期限、利息费用，约定基于指定的贸易订单状态和物流状态来匹配资金、财务、税务等核心节点，所有的执行过程都可以自动写入智能合约，通过与资金的收付行为相互制约，形成受控模式。这一模式推动了供应链金融业务的创新。

因此，与传统金融机构相比，数字人民币与供应链金融的有机结合将提供一些差异化的服务，有助于将数字化货币服务推广到更广泛的受众群体，推动产业、科技、金融间的良性循环，为实体经济的高质量发展注入强劲动力。

5. 数字人民币对绿色金融的影响

数字人民币本身具有绿色低碳的属性，具有成本低、效率高、安全可靠的特征。上述特征不仅能节约货币流通成本和印制现钞所需的纸张，更契合绿色金融的理念，有望成为推动绿色金融的重要抓手。

（1）助力绿色信贷发展

由于信息不对称问题，金融机构在定量考核绿色产业贷款时，往往存在一定的操作风险和难度。由于企业在信息披露和内控等定性考核方面具有较大的人为操作空间，使得识别企业财务造假难度较高，进而导致虚假信息披露。如何识别真实资金用途是有效发放绿色信贷的基础，在此背景下，推动数字人民币在绿色金融领域的应用具有重要实践意义。

一方面，金融监管机构可以通过数字技术手段实现对绿色金融资金流动的精准追踪，确保绿色金融资金在绿色产业的闭环流转和绿色金融资金用途的真实可信，防止绿色资金被"非绿色"挪用。另一方面，绿色借贷企业使用数字人民币进行支付结算无手续费和服务费，款项可实时到账，在很大程度上降低了绿色借贷企业的资金成本，提高了绿色金融资金的周转效率。2023年，广东省首笔"数字人民币+企业信贷+绿色金融"场景业务在中山市成功落地。在中国人民银行中山市中心支行的指导下，邮储银行中山市分行为中山市某光电科技有限公司发放了200万元数字人民币绿色贷款，为科技企业绿色融资提供了高效、便捷、安全的途径。

（2）助力完善绿色金融监管体系

目前，监管部门已初步建立了绿色信贷考核体系，成功颁布了《中国银行业绿色银行评价实施方案（试行）》《银行业金融机构绿色金融评价方案》等政策文件，初步取得了一定成效。但在实践操作中，仍存在监管考核成本高、对企业获得绿色信贷后的非绿色用途监控难度大等问题。

利用追溯功能及相应配套的智能合约技术，数字人民币实现了与绿色企业财务及科技体系的数字化整合，金融监管部门可以严格监控债券、贷款及理财资金在绿色企业内部的具体流动路径，从而防止非真正绿色企业滥用绿色金融资源，确保绿色金融资金精准助力绿色产业的发展。此举确保了绿色金融政策的有效贯彻与执行，有助于减少绿色信贷考核的成本负担，促进绿色金融向更加规范化、健康化的方向迈进。

此外，为了精确追踪绿色债券资金的流向，确保其专款专用于环保低碳等绿色项目，金融监管机构规定发行方需定期公开实际投资详情。然而，这一过程通常需投入大量人力、审计及财务资源，且受限于人员的专业能力，监管工作面临较大挑战。通过融合数字人民币的技术优势，可以构建基于特定时间点的条件触发机制，确保资金仅在符合绿色用途时释放，有效遏制绿色金融资金的挪用现象，从根本上解决监管成本高昂的问题。

（二）数字人民币：赋能经济发展新动力

1. 数字人民币对投融资的影响

（1）改变居民投资模式

减少现金储备。在数字化转型的大背景下，各类电子支付方式层出不穷，数字货币的普及使用也日渐普遍，人们的支付习惯因此发生了巨大的变化，从而对储蓄行为产生了显著影响。研究表明，金融科技的发展不断改进支付方式，电子货币大量替代了流通中的纸币，降低了中国的通货存款比，同时提升了货币乘数。数字化支付方式不仅为公众生活带来了更高的便捷性与安全性，节省了时间成本，也改变了人们的现金和储蓄需求。由于其便捷性，公众逐渐倾向于持有电子货币而非纸币，对纸币的需求大幅降低，从而推动了居民通货存款比的下降。

数字人民币作为数字支付和数字金融发展趋势下的产物，促进了不同支付产品和金融资产之间的互联互通，使公众更愿意改变储蓄行为，进一步降低了现金需求。由于数字人民币是电子形式的货币，不计付利息，人们更倾向于将无息的现金转换为有较高收益的金融资产，减少了现金需求。数字人民币取现和使用成本极低，与电子存款的转换更加便捷，大大减少了时间成本，且公众可以更容易地通过电子平台观察资产状况。这一变化促进了居民储蓄的增加，增加了可贷资金供给，降低了金融摩擦，压低了长期利率，有利于投资与长期经济增长，提升了GDP水平与居民福利。

带来更多投资机会。数字人民币的发展将带来一系列新的投资机会。例如，数字人民币与理财产品的结合为投资者提供了全新的投资方式和选择，如数字货币交易平台、数字货币挖矿和数字货币投资基金等。随着数字人民币行业的不断发展，这些投资机会将吸引更多资本进入市场。2023年，中国工商银行与某证券公司合作上线了"第三方存管体系下数字人民币投资场外理财产品"功能。同期，天天基金也上线了兴业银行的数字人民币基金支付功能，允许投资者使用兴业银行的数字人民币钱包在天天基金App上认购、申购和赎回公募基金产品，兴业银行成为首家与天天基金开展数字人民币合作的股份制商业银行。

数字人民币凭借其支持智能合约加载、交易可追踪性以及防篡改与伪造等特性，为投资者资金安全提供了更强有力的保障，有效遏制洗钱等非法交易活动，同时降低了交易成本，显著提升了金融体系的运行效率。数字人民币使用场景的拓展在保障资金安全的同时，为金融机构提供了更多创新方向，有助于开发更加丰富的产品服务。投资者可以使用数字人民币购买各类场外理财产品，享受更加便捷和多样化的个人理财选择，提升交易的便捷性和效率。

（2）缓解企业融资约束

中小企业对我国经济的发展至关重要，然而，在竞争激烈的金融市场中，中小企业面临的融资难题也日益突出。由于规模小、抵押物不足、抗风险能力低等特点，中小企业更容易陷入融资困境，融资渠道也受到了很大限制。直接融资门槛高，间接融资一般只能通过银行贷款或民间资本，而面向中小企业发放贷款的金融机构相对较少。金融机构不愿承担巨大风险，尤其是商业银行倾向于对大型企业提供融资，认为中小企业存在坏账风险。此外，中小企业的融资门槛更高、审批时间更长，难以筹集资金，阻碍了实体经济的发展。

数字人民币的推出为中小企业的融资问题提供了解决方案。商业银行等金融机构可以利用区块链技术的可溯性和不可更改性，追踪中小企业的经营能力和信用信息，减少信息不对称，增加对中小企业发放贷款的意愿。数字人民币发放贷款还可以实时追踪资金流向，降低监管成本，有效解决中小企业融资难的问题，推动实体经济发展。数字人民币具备资金直达功能，可为央行制定结构性货币政策支持中小企业发展提供重要工具。

"数字人民币＋供应链金融"是国网江苏省电力有限公司等公司创新性地借助数字人民币为电网产业链上下游中小企业提供的金融服务。通过采用"数字人民币结合供应链金融"的融资方案，助力供应商为电网产业链上下游的中小型企业提供全面的金融服务。在此模式下，供应商与供电公司之间的历史交易记录、应付账款详情、付款周期等关键数据与金融数据实现无缝对接，为金融机构进行贷款前的严格审核、贷款的精准发放及贷后的有效监控提供了强有力的支持。最终，通过数字钱包实现资金的便捷收取。当企业通过数字钱包收到合同款项后，供电公司会依据智能合约的预设规则，自动将合同款项中的一部分作为贷款本金及利息，直接定向偿还给银行，确保还贷的精确无误，从而有效保护金融机构的合法权益。这种创新模式不仅增强了金融机构与贷款企业之间的相互信任，提升了金融智能风控的效能，还为中小企业破解了融资难题，有力推动了民营经济的高质量发展。

2. 数字人民币对消费的贡献

（1）赋能多元消费场景

数字人民币采用双层运营结构，以最大限度调动商业银行等市场机构的积极性。随着移动互联网的快速发展，移动支付的渗透率不断提高，支付宝和微信支付占据了第三方支付市场的大部分份额。为确保数字人民币的普及性，同时避免对现有金融市场产生不利影响，要充分利用商业银行及非银行支付机构在数字人民币生态系统中的关键作用。在人民银行的监督指导下，商业银行作为指定的运营机构，与其他相关机构携手合作，共同肩负数字人民币的流通服务职责及零售环节的管理工作，确保数字人民币的安全与高效流通。商业银行提供涵盖支付产品创新与设计、应用场景的拓展、市场推广活动、系统开发与维护、业务处理及日常运营等一系列服务。

双层运营结构符合我国国情，有利于充分利用商业银行等金融机构现有的资源、人才和技术等优势，通过市场化驱动，促进金融创新和行业竞争。商业银行和科技公司的 IT 设施成熟，用户基础庞大，人力资源储备充足。中国人民银行主要进行顶层设计和法律规范及监管标准的制定，服务则交由市场主体进行，从而更好地发挥市场配置资源的决定性作用。这种架构设计使得数字人民币在技术先进性和运行安全可靠性之间保持了平衡。中国人民银行不预设技术路径，不同机构可以探索不同的技术路径，通过竞争实现系统优化。在这一背景下，商业银行积极创新数字人民币产品，发掘新的应用场景，推动数字人民币从纯线下向线上线下融合转变。

自试点以来，数字人民币的应用范围和场景不断扩大。截至2022年底，全国已有17个省份的26个地区开展了数字人民币试点，试点商户超过1120.4万家，同比增长209.0%，累计开立数字人民币个人钱包8270.2万个，交易金额达到6358.6亿元，流通中的数字人民币余额达136.1亿元。当前，数字人民币已在批发零售、餐饮文旅、政务服务等领域形成了一批涵盖线上线下、可复制推广的应用模式，满足了消费者在不同场景下的支付需求。

例如，在成都大运会期间，为满足不同国界、生活环境、民族信仰人群的需求，中国工商银行结合赛事元素推出了面向境内外赛事人员的数字人民币硬钱包，大运村内所有商户均可使用。该赛事成功达成了在官方票务、合作酒店、特许商品经销商等关键领域的数字人民币全面覆盖，同时，80万个商户门店及全部出租车公司均已具备接受数字人民币支付的能力。美团平台的数据显示，在成都大运会举办期间，相较于之前，该平台在成都地区的日均数字人民币交易笔数实现了51%的环比增长，而交易金额则增长了65.6%。数字人民币的推广和使用将继续在保民生、促消费、扩内需、稳增长中发挥积极作用。

（2）助力消费提质升级

推动全民数字化消费。在设计数字人民币的过程中，央行遵循了普惠金融的原则，确保了其在广泛人群及多样环境下的适用性，特别关注并克服了老年人、残障人士等特定群体在使用上的困难。数字人民币旨在实现全民皆备的数字化支付能力，引领全民步入数字化消费的新时代，进而促进居民消费水平的提升。数字人民币的引入让更多人参与到数字经济中，促进消费方式的升级和创新，推动我国经济转型升级，增强居民购买力和消费活力。

数字人民币超越了传统金融服务所受的时间与空间局限，达成了全民皆可获取的目标。不论身处东部、中部、西部还是城市、乡村的居民，均能开设并利用数字人民币钱包实现数字化支付，加速了普惠金融的广泛推进。数字人民币补足了第三方电子支付在特定人群使用上的缺陷，有效地缩小了地区间、城乡间及不同群体间的数字差距。通过推出数字人民币硬钱包，尤其是为老年人、残障人士等特别设计的无障碍支付方案，进一步推动全民数字化支付进程。此外，数字人民币多样化的支付手段贴合了人们多样化的支付需求，提升了基础金融服务的质量与效率，促进了消费增长与内需扩大，为构建双循环新发展格局注入了新动力。

数字人民币凭借其卓越的安全性、广泛的通用性及深入的普惠性，有望成为驱动经济社会高质量发展的新引擎。它的高效便捷与安全特性，特别是为乡村金融服务带来的革新，可以使农民受益于零手续费、双离线支付和即时到账，促进农业繁荣与农民增收。此外，数字人民币的应用还将极大便利政府在乡村地区的资金援助与分发，确保资金流转的即时性。乡村地区可依据自身独特的地理、资源、生态及文化特点，积极创新与拓展数字人民币的应用场景，构建具有乡村特色的数字人民币消费生态，全面覆盖并促进农业、农村与农民的发展，不断加速数字乡村建设的步伐。

助推多领域消费回升。数字人民币秉承安全普惠的原则，为零售支付领域增添了更多可能性，有力推动了多领域消费的回暖。自新冠疫情暴发以来，各地消费持续低迷，消费者热情不高。为了稳定经济社会发展大局，多地采取了发放消费券的举措来刺激经济、提振线上线下消费，助力商户经营恢复。与其他形式的消费券相比，数字人民币消费券具有核销率高、拉动消费效果显著、操作简便快捷等优势。自2022年起，上海、深圳、温州、扬州、厦门、成都等城市通过发放数字人民币红包和消费券的方式，有效促进了消费，实现了线上线下消费场景的全面覆盖，充分展现了数字人民币在促进民生消费、服务实体经济及助力经济复苏方面的强大潜力。

数字人民币依托智能合约技术，能够精确设定红包的面额、有效使用时间及具体适用范围。在与消费券、电商平台等多种场景结合时，通过实名认证机制有效防止了消费券被重复领取、非法转让或套现等行为，确保资金真正流向消费场景，实现精准促进消费，助力中小商户经营复苏。数字人民币红包的发放形式灵活多样，既包括传统的抽签方式，也涵盖通过第三方平台（如美团、饿了么等）及各大银行App发放优惠券，充分体现了其普惠性与创新性。此外，数字人民币的可追溯性特征在与消费券、电商平台等场景深度融合的过程中，不仅鼓励消费者采用数字人民币进行消费，还加强了对消费行为的监管，有助于构建一个安全、健康的市场环境。

数字人民币消费券是一种创新的促消费手段，充分发挥财政资金的杠杆作用，通过提高消费券的使用效率和效果，助推经济复苏和扩大消费。其便捷性、安全性及对各类消费场景的支持能力，将进一步推动线上线下消费的融合，促进数字经济的发展。随着数字人民币试点的不断推进和完善，未来数字人民币消费券将在应对突发公共事件冲击中发挥更大作用，为我国经济社会发展贡献更多力量。

3. 数字人民币对数字经济的贡献

数字人民币是一种数字化的价值工具，不仅可以取代现金进行交易，还具备数字化特性和数据记录功能。其特点包括可控的匿名性、主权信用和安全保障等，从而在最大程度上保护个人信息与支付隐私。除此之外，数字人民币还拥有支付即结算、支持离线支付及实现对公支付场景数字化的功能。这些特性极大地优化了支付流程，使其适用于广泛的场景，不仅提升了支付结算的效率与便捷性，还增强了公众对数字人民币的认可度。随着数字人民币的广泛普及与应用，国家将能够有效掌握用户信息及交易数据，并对数据资源产业链实施全面的监管。这一变化将打破以数字支付为核心的资本闭环体系及现有的数字经济版图，进一步削弱资本对数据的垄断地位，从而推动构建一个更加健康的数字经济发展环境。

（1）打破数据信息垄断

近年来，在互联网的推动下，货币逐渐脱离实体形态，转化为数字信息，打破了物理世界和信息世界的隔阂。货币的流通与交换过程如今也被记录并受到监管。与传统的纸币时代相比，移动支付的出现极大提升了货币信息化水平，增强了经济主体间的联系与合作，提高了数字经济的交易效率。然而，现有移动支付仍存在一些不足。具体而言，信息不对称问题依然存在，数字经济的发展中仍有机会主义行为，这降低了经济运行的有效性，严重制约了数字经济效益的提升。

当前，移动支付的普及推动了货币的信息化，但仍存在亟待解决的问题。其一，经济信息存在隔阂。现有移动支付主要依赖于大型互联网企业，通过推进货币数据化，它们构建了以数字支付端口为核心的数字经济生态系统。然而，各个企业的数字经济生态系统往往是独立的信息孤岛，限制了数字经济内部系统的信息交流。此外，各企业之间的竞争冲突进一步撕裂了数字经济系统。其二，货币信息监管困难。在这种数字经济生态系统中，大量货币交易和支付行为独立于国家银行账户体系，难以监管。尽管国家金融监管部门采取了许多措施，但由于复杂的数据信息和技术壁垒，难以评估这些生态系统的经济规模和价值，因此更难对其价格进行有效监管。

数字人民币作为法定数字货币，与现有移动支付体系相比，具有诸多优势。首先，数字人民币对数字经济具有推动作用。通过消除数字经济系统内部的信息隔阂，数字人民币可以强化国家对货币信息的监管，降低经济交易成本，推动数字经济系统内部的信息交流，进一步推动数字经济的高质量发展。其次，数字人民币有望成为我国数字经济活动的主要货币。央行作为数字人民币的发行主体，大量用户信息及数据可汇集至其信息库，形成安全可靠、资源共享的数字经济生态系统。在政策或数据资源需求的驱动下，企业数字经济生态系统也将参与其中，实现数字经济生态系统的重构，打破数字经济系统内部信息交流的隔阂。最后，央行对数字人民币的全方位监管，加强了国家对数字经济的管控能力。国家可以全面监管数字经济发展的整体态势，对其进行管控，实现对数字经济资产情况及其价值的精确评估，并制定有效的宏观政策来指导数字经济发展。

综上，数字人民币等法定数字货币有助于促进数字经济的发展，消除数字经济生态系统信息交流的隔阂，强化国家对数字经济的监管能力，有助于实现信息在数字经济生态系统内部的充分流通，有助于进一步增强货币对数字经济发展的推动作用。

（2）助力数字经济产业升级

数字经济产业在发展过程中创造了丰富的数字资产，为数字人民币等数字货币的发行奠定了坚实基础。

数字人民币对数字经济产业的发展有直接影响。首先，数字人民币能够降低数字经济的交易成本，提高数字经济的运行效率。与传统货币相比，移动支付的大规模普及已经在很大程度上降低了经济交易成本，减少了货币损耗，促进了经济交易效率的提升。然而，企业数字经济生态系统之间仍存在一定障碍，个体商户和中小企业在不同生态系统间进行数字交易仍需依赖银行作为媒介。这一过程产生的手续费，增加了参与成本，限制了部分成员进入市场参与交易。数字人民币作为由中国人民银行发行的法定数字货币，在银行账户之间转换无须支付手续费，进一步降低了企业从事数字经济活动的成本。数字人民币还拥有广泛的应用场景，未来有望进入各企业的数字经济生态系统，成为数字经济交易过程中的通用货币，促进数字经济生态系统的融合和互联互通，提升整体数字经济的发展速度和效率。

其次，数字人民币的广泛使用可以进一步扩大数字经济产业的范围，丰富数字资产。当前，个体用户之间或个体用户与企业间的交易是移动支付的主要使用场景，而企业间、政府部门间及政府与企业间的组织间交易仍需依赖银行账户体系。由于互联网企业的安全性和权威性有限，它们很难成为可靠的组织间交易中介。相比之下，数字人民币等法定数字货币依托于央行，具有更高的权威性和信用支持，推广数字人民币的使用可以推进组织间货币交易的数字化和智能化，促进组织间交易融入数字产业链和价值链，提升传统产业链和供应链的现代化水平。在双层运营模式下，数字人民币通过收集丰富的数据，可塑造多元化的支付场景，推动金融系统变革，构建基于银行账户体系的金融大数据链条，搭建更智能化的数字经济交易系统。数字人民币的可追溯性确保组织间交易信息可靠记录，清晰呈现出产业链与供应链中的货币流通情况，相关组织可以据此深入研究和优化产业链与供应链布局，数字人民币的广泛应用将为数字经济发展提供更多机遇，促进数字经济产业范围扩大和数字资产丰富。

最后，数字人民币的引入将为数字经济产业增添一把利器，提升我国在国际市场中的竞争力。当前，数字经济已成为国际经济贸易中的重要竞争领域。法定数字货币能够借助政府的影响力，激发数字生态系统跨越国界的溢出效应。在数字经济产业的国际竞争中，货币及其交易系统的国际影响力至关重要。我国数字经济快速发展，随着对外贸易扩张，数字经济产业在全球范围内广泛部署，支付宝、微信等移动支付系统在一些国家推广。未来，数字人民币及其衍生的数字经济生态系统将借助中国日益增长的国际贸易规模，扩大影响力，提升我国数字经济在国际竞争中的地位。数字人民币将为我国数字经济产业的国际化提供有力支持，加速我国数字经济的全球布局和跨境合作，推动我国成为数字经济产业的领先力量。

数字人民币对货币政策和数字经济产业的发展具有重要作用。一方面，数字经济产业的发展受到货币政策的影响，而数字人民币的普及使用能够增强货币政策的有效性，丰富货币政策的工具组合。通过收集货币流通信息，数字人民币能够准确描述产业发展及产业链与供应链布局情况，为央行制定货币政策提供更准确的支持资料，从前端提高货币政策的准确性，实现货币政策的预期效果，保障经济的有效运行。另一方面，数字人民币可以作为一种直接的政策工具。与纸币相比，数字人民币能够直接连接央行和实体经济机构，无须金融机构作为中介，微小的利率变动也能对货币政策产生深远影响，央行可借助数字人民币保障政策的实施。通过基本利率、贷款渠道、汇率渠道等多个途径，数字人民币在货币政策传导中发挥重要作用，这些渠道也是数字经济产业资金流动的重要路径。因此，数字人民币的广泛使用将极大提高货币政策的传导效率，深化货币政策对数字经济产业的积极影响，为数字经济的高质量发展提供有效的政策支持。数字人民币的引入将改变传统货币政策的执行方式，使货币政策更加直接、精确和灵活，进一步提升我国数字经济产业的竞争力和创新能力。

综上所述，数字人民币通过直接和间接两种方式影响数字经济产业的发展，提高了数字经济的运行效率，推动了数字经济的高质量发展。

（三）数字人民币：重塑跨境贸易新格局

近年来，国际货币体系面临双重挑战。一是地缘政治冲突引发的一系列金融制裁对以美元为主导的国际货币体系带来了显著冲击。二是数字技术的兴起促使货币形态发生变革。这两者的交织反映了私人部门对政府铸币权的挑战，以及不同国家之间的货币竞争。当前，数字人民币已具备跨境使用的技术条件，可为跨境贸易提供更为安全高效的支付结算工具，缩短代理银行链条，降低跨境支付成本，提高跨境支付速度。因此，数字人民币在跨境领域的应用受到了广泛关注。

1. 扩大对外贸易规模

（1）降低外贸风险。目前，我国进出口贸易主要以美元或欧元进行结算，而汇率的波动往往给境内企业带来诸多风险和损失。出口企业难以准确预测汇率的变动，因此其收益经常受到汇率波动的影响。自 2005 年人民币与美元脱钩以来，人民币累计升值了约 20%，但这一升值过程，伴随着美元和欧元的相对贬值，导致许多出口企业遭受了损失。同时，剧烈的汇率波动也使众多外贸企业在接单时顾虑重重。跨境交易从合同签订到履行完毕的时间跨度越长，外贸企业所面临的汇率风险就越大。因此，在这些行业中，采用人民币进行跨境贸易结算的需求日益增强。对于那些附加值较低、处于价值链底端的产品而言，其利润空间本就狭小，抵御风险的能力相对较弱，即便是微小的汇率波动，也可能导致其盈亏平衡被打破。将人民币作为国际结算的试点货币，可以显著降低外贸企业及其贸易伙伴在使用人民币进行国际结算时所面临的外币汇率风险。数字人民币的推出及其与外币的结算兑换业务的推广使用，也为企业拓展跨境业务提供了更多渠道，对出口企业来说是一个重大利好。

（2）促进企业出口。数字人民币的推广使用可以降低外贸企业的结算成本，有助于促进企业出口。传统的国际支付和结算方式通常需要经过多个中间环节，耗时较长，而数字人民币则可以减少汇兑环节，提高资金结算效率，加快资金周转，有利于锁定利润空间，降低商业风险。目前，国际上常用的SWIFT国际结算系统费用较高，限制了一些企业的出口业务。数字人民币能为企业提供更加迅速、便捷的结算方案，大大提高交易效率。对于中国企业来说，使用数字人民币简化跨境订单结算方法，能有效降低企业交易成本，提高支付效率和安全性。

2023年，广东惠州某公司成功使用数字人民币缴纳进口关税8880.76元、进口增值税24244.48元，这是全国首次采用数字人民币钱包网签"三方协议"方式缴纳进口税收，标志着全国"数字人民币+TIPS海关实时扣税"业务在广东惠州率先落地。通过"数字人民币+TIPS海关实时扣税"的融合，企业实现了全程线上操作，可使用数字人民币直接缴纳海关税款，实现资金实时划转，为企业节约了大量时间和人力成本，有助于提振外贸企业经营信心、促进对外贸易和实体经济高质量发展，帮助更多中小微型企业简化缴税流程，高效缴纳海关税，提高出口意愿。

2. 增强国际贸易竞争力

国际贸易中的交易者通常不会主动改变已适应并习惯的结算货币，因为这一过程可能会产生一定的转换成本。然而，当前数字技术的快速发展将大大加速货币替代的趋势。法定数字货币具备数字化和点对点交易特性，许多交易者逐渐意识到其优势，如弱化资金锁定与等待时间、降低交易摩擦，很大程度上提高了双边贸易的结算效率等。这些优势使数字货币具有传统货币无法比拟的吸引力。

（1）提高结算效率。利用法定数字货币中的智能合约完成信用证的开立，可以有效降低多个银行的手续费，控制结算成本，并增强法定数字货币的吸引力。作为中国发行的法定数字货币，数字人民币能够缩短支付链条，提高跨境贸易便利性和结算效率，降低交易成本，为企业拓展国际市场提供便利。这些优势大大提高了我国数字人民币在全球跨境电商支付体系中的竞争力，进一步推进人民币的国际化。

近年来，国际各方机构积极磋商跨境贸易结算的新型支付交易协作方式。中国人民银行参与的多边央行数字货币桥项目是探索基于央行数字货币实现跨境支付互联互通的一项尝试。该项目组织了 20 家商业银行，成功完成了国际首例基于真实交易场景的试点测试。在测试中，累计完成了 164 笔跨境支付和外汇同步交收，结算金额折合人民币超过 1.5 亿元。在这些交易中，数字人民币的交易笔数占比达到了 46.6%，而结算金额占比则为 15.5%。根据实际交易数据的统计，货币桥平台处理一笔支付业务的最快速度可在 7 秒内完成，相比之下，目前通过代理行处理的跨境交易，在支付和结算之间通常存在 3~5 天的延迟。该项目验证并解决了当前跨境结算中存在的成本高、效率低、资金状态透明度低等问题，进一步助力人民币在国际结算中的推广使用，为数字人民币在跨境支付领域的应用带来了新的机遇。

（2）强化金融监管。传统的国际支付方式通常存在监管漏洞和风险，容易被用于洗钱和资金逃逸等非法活动，而数字人民币的区块链技术可以更清晰、明确地展示跨境结算中的资金流动轨迹，具有可追溯性。这在帮助监管部门监管贸易资金流向的同时，也有效控制了跨境主体的合规成本，增强了我国数字人民币对传统贸易主体的吸引力，进一步扩大数字人民币在支付结算中的使用规模，提高其在传统国际贸易结算中的份额，提升数字人民币的监管质效，维护金融安全，推动跨境贸易扩容提质。

3. 推进高水平对外开放

数字人民币的出现对人民币国际化和推动高水平对外开放具有重要意义。数字人民币的推广遵循"先境内后境外"的原则，凭借其低成本和高支付效用的特点，有助于加速提升人民币作为国际货币的地位，并推动构建一个公平、公正、高效的国际新型跨境支付体系。

（1）促进"一带一路"倡议高质量发展。在"一带一路"倡议高质量发展的助推下，中国对外开放的水平持续提升，为数字人民币的跨境应用开辟了新机遇。近年来，中国不断深化与"一带一路"沿线国家和地区的合作，稳步增加数字人民币在跨境交易中的使用频次，进一步夯实了人民币国际化的经济基础，有力地促进了人民币的国际化进程。通过数字人民币与人民币国际化的相互协同，推动数字贸易发展有助于中国实现更高水平的对外开放。数字人民币的跨境应用不仅极大地促进了国际贸易的便利化与数字化转型，同时也为中国在全球经济中的深入参与创造了新的契机。

（2）技术优势助推人民币国际化。中国研发的数字人民币具有诸多优势，如强大的技术支持、高度的兼容性、广阔的市场覆盖范围、庞大的消费群众等，为数字人民币的推广使用和人民币国际化打下了坚实基础。中国拥有快速发展的新经济领域，为数字人民币的应用场景提供了广阔可能。在这一背景下，依托中国市场庞大的潜力需求，中国正积极推动要素"走出去"与"引进来"的双向循环发展，充分利用丰富的应用场景来推广数字人民币的跨境使用，以加速人民币的国际化步伐。此举措将成为增强中国国际竞争力的重要基石，并助力实现中国高水平对外开放的战略目标。

（3）信息技术的支持。现阶段，中国信息技术正处于飞速发展阶段，区块链技术展现出了不可篡改、可追溯、全程留痕、去中心化、集体维护及公开透明等多重优势。这些技术优势为数字人民币的发行与流通提供了强有力的支撑。数字人民币的跨境支付方式能够在一定程度上使贸易双方免受经济监控的影响，为国际结算开辟了一条相对安全且高效的通道。在此结算模式下，境外主体只需获得数字人民币的使用权限，便可在境外支持数字人民币的银行进行兑换交易，从而降低了使用人民币的交易成本，激发了更多境外主体持有和使用数字人民币的积极性。

截至 2023 年 6 月，中国人民银行已与 20 个"一带一路"沿线国家签订了双边本币互换协议，并与 10 多个沿线国家建立了人民币清算机制。[①] 数字人民币的推广和使用有望进一步拓宽与东盟及"一带一路"沿线国家和地区的经贸合作领域，加深经济一体化程度，降低跨境贸易与投资壁垒，持续拓展人民币国际化的应用场景。

[①] 《共建"一带一路"：构建人类命运共同体的重大实践》，中国政府网，https：//www. gov. cn/zhengce/202310/content_ 6907994. htm。

第八章

数字货币的未来与发展展望

一、虚拟数字资产需接受强监管

数字货币如果试图赢得健康的、基业长青的未来，那么它的历史遗留问题就需要被正视。虚拟数字资产就属于遗留问题。虚拟数字资产，目前在全球来看，其规模已经十分庞大，也已成为不能忽视的一种金融现象。任何一个国家如果试图用一己之力，对虚拟数字货币进行强监管，都是不现实的。因此各国或主要地区，需要在全世界层面或者区域层面形成共识。但是这种共识的趋同确实是十分困难的。这种共识越难达成，就越为比特币、以太币等虚拟数字资产项目提供了继续发展的空间和时间。虚拟资产的危害性在前文已经反复阐述，我们不提倡私人持有数字虚拟资产。我国也在大力发展——央行数字货币，即数字人民币，但是我们也需要客观和冷静地面对一个现实，即我们可能会在较长的时间内看到，在全球范围内，央行数字货币与虚拟数字资产长期共存，由于二者共存，必定加剧全球金融经济世界的复杂性和不确定性。

我们需要清醒地认识到关于虚拟数字资产的以下五个现实，这些现实带来的潜在风险极有可能较难在短时间内解决，我们需要有底线思维，监管机构极有可能不得不长期与这些问题周旋。

（一）全球性共识或难达成

全球性共识或难达成，即使有些国家或地区有较好的解决比特币、以太币等虚拟数字资产的方案，但也独木难支，孤掌难鸣。

全球各国和地区对此类资产的立法与监管尚未达成共识，有些小国曾视其为合法支付工具（但因此类资产价格波动过于剧烈，最终承受恶果），有的则采取较为严厉的监管口径，视其违法。这种法律地位的不确定性带来的是难以找到处理这类虚拟商品的统一的国际监管口径，也没有监管共识趋同的时间表。为何全球监管口径难以形成共识，而且没有统一的共识趋同时间表？因为这些虚拟资产的持有具有匿名性，各国或主要地区的持有份额并不清晰，如果有某些国家或地区突然牵头，承认这些虚拟数字资产的价值，并且允许与主流法币挂钩，那么严监管的国家或地区就会突然面临该市场份额占比不足，失去主导权、定价权的问题。这也是这些国家和地区所承受不起的，所以即使采取强监管口径的国家或地区，也需要采取底线思维策略，时刻关注比特币、以太币等虚拟资产及相关技术的最新动态。

更棘手的是，虚拟数字资产的匿名性使其成为走私、洗钱、恐怖主义等非法活动的温床。监管机构在保护用户隐私与确保金融体系安全合规之间寻求平衡，犹如走钢丝，步步惊心。用户隐私难以获取，因信息被加密，反向破解难度极大，而且也难以获取全面信息，因此有效监管虚拟数字资产的交易和使用，防止其被用于非法活动，是监管机构面临的另一难题。

此外，虚拟数字资产依托互联网，跨境信息容易分享，具有跨境交易特性，给跨国监管带来挑战。由于缺乏统一的国际法律框架，监管机构难以有效监管和调查跨境虚拟数字资产交易。

如果允许私人虚拟数字资产进行跨境流动，或与主要货币进行挂钩，进而产生某些金融衍生资产，将对这些主权货币的汇率带来不可预知的影响。

虚拟数字资产的出现也带来了相应的税收问题。数字资产交易往往涉及资本利得和税务问题。各国税收理念差异较大，即使对传统跨境贸易与投资领域的税收问题，各国都难以形成共识，更何况是涉及虚拟数字资产领域。

（二）安全的脆弱性客观存在

虚拟数字资产交易的安全性犹如一座建立在加密算法之上的沙堡，一旦算法被攻破或交易平台出现漏洞，沙堡便可能瞬间崩塌。在国际上，黑客攻击虚拟数字资产交易平台事件屡见不鲜。这些交易平台在运营、内部管理、技术漏洞多层面暴露出各种安全漏洞，直接损害用户利益，也暴露出境外数字资产市场在安全性方面的脆弱性。

市场缺乏监管，安全标准缺失，交易所和钱包提供商各行其是，安全隐患丛生。一些不法分子利用虚拟数字资产市场的监管空白进行诈骗和非法活动。虚假项目披着NFT区块链创新项目的外衣横行市场，让投资者如入迷雾，深陷骗局。声名狼藉的市场是不可能走向健康发展之路的。

（三）警示教育任重道远

我们需要持续加强对社会公众货币知识的教育，将正确看待虚拟商品与虚拟资产、维护自身财产安全等内容纳入日常金融活动普及活动中，引导社会公众树立正确的货币观念和投资理念。我们反复强调，比特币等虚拟数字资产不具有法币性质，仅被视为虚拟商品，有较高的投资风险、较高的洗钱风险，还有被违法犯罪分子或组织利用的风险，不要抱有投机心理持有、使用和交易比特币。

1. 价格波动的现实风险

虚拟数字资产市场犹如狂风中的大海，波涛汹涌，价格暴涨暴跌，波动性巨大。投资者如浮萍般随波逐流，难以预测和掌握市场走势。这种市场波动性不仅给投资者带来了巨大的风险，也影响了数字资产市场的稳定性和可持续性。

流动性不足也是虚拟数字资产市场的另一个重要问题。买卖订单稀少，交易执行受阻，价格波动加剧，交易成本攀升。这使得虚拟数字资产市场的交易效率大大降低，也影响了市场的吸引力和竞争力。

境外虚拟数字资产市场操纵随处可见，大宗交易者或组织可通过大量交易和传播虚假消息影响价格，牟取暴利，损害市场公平与透明度。这种市场操纵行为不仅破坏了市场的公平性，也损害了投资者的利益和数字货币市场的声誉。

技术故障、网络攻击等风险亦如影随形，交易延迟、资金丢失等问题时有发生。这些技术问题影响了虚拟数字资产市场交易的正常进行，最后受直接损失的都是投资者。

2. 被混淆的经济价值与技术价值概念

我们倾向于认为当下虚拟数字资产的经济价值具有极高的波动性，经济价值的基础可能被严重夸大，如果要讨论虚拟数字资产的价值，主要指的是其经济价值。虚拟数字资产具有技术价值，但是这种技术价值是所有虚拟数字资产所共有的，因此并不具备稀缺性。根据经济原理，没有稀缺性是极难产生经济价值并实现交易变现的。虚拟数字资产的技术价值包括区块链技术、共识机制的创新、密码学研究成果的转换等。我们可以对这些底层前沿技术进行支持，比如对从事相关研究的科研人员进行支持，这是技术价值的体现。简而言之，经济价值与技术价值并非一回事，我们在评判虚拟数字资产价值时，不应将这两种价值混为一谈，更不应该有意偷换概念。当下，有一些过分片面夸大虚拟数字资产的价值的声音，这些声音其实是有意将技术价值夸大，并用技术价值的概念混淆了经济价值。

3. 去中心化不是无政府主义者的借口

公平，是人类社会的美好向往，也是马克思主义追求的社会价值目标。避免经济金融资源垄断，让大众获得更多发展机会，平等的获得分享普惠经济与金融资源的权利，让大众所拥有的资本与财富更增值保值，这些都是人们的基本美好诉求。因此我们利用更前沿的科技、更好的经济与社会机制设计，改进、实现更优的经济与社会体系，尤其是货币与金融体系，都是无可厚非的，也是政府与学者应该孜孜以求的。"去中心化"的原意应是避免经济金融资源过度的聚集，并形成不合理的、以某一两个大国或地区垄断的态势或格局。多元的、多极的、开放的、避免唯一中心的国际化经济金融贸易体系才是全球良性发展、可持续发展的压舱石。数字经济时代下，全球都在致力于寻找货币的最优数字形态。这一过程中，确实有不恰当的思潮曲解"去中心化"并将其与政府的监管形成对立，甚至试图利用比特币、以太币等加密货币宣扬无政府主义观点，这是明显不正确的，是我们需要抵制的。

货币在数字经济时代出现与之匹配的数字化新形态，这是历史发展的必然，新兴科技（如区块链技术）服务于数字经济体系（包括货币体系）建设，这都是我们应该肯定和支持的。货币秉承其基本属性，比如只有央行发行的货币才是法币，这些基本属性和原则并不会因为技术的发展而改变。因此货币银行学等课程知识并不过时，局部调整优化、与时俱进当然是有必要的，但货币银行学知识绝不是与"技术"呈对立关系，也不与"去中心化"理念形成对立。央行作为推动货币数字化转型的主要推手，应是历史做的选择，因此央行发行的数字货币才应是数字货币的"真身""金身"。央行始终要当好最后的贷款人、金融经济系统稳定的看门人角色，这种角色地位，也永远不能动摇。以央行为主导的数字货币，并不是不能实现"去中心化"，它的全面实施和普及也不会与"去中心化"这一理念形成对立。

4. 正视区块链的"不可能三角"

我国"十四五"规划中，区块链被首次被纳入国家五年规划，该技术可以和若干数字经济新形态、新产业相融合，可扩展产业功能，对促进数字经济发展有积极的作用。该技术本身也是数字经济发展的重要载体，但是我们需要清晰认识区块链技术优势的边界，不要过分夸大区块链技术。毕竟，区块链技术不是"万能药"，因此需避免参与那些借区块链之名进行的非法虚拟数字资产项目。

区块链技术的优势边界是非常清晰的，我们需要接受区块链的"不可能三角"，并认识到区块链技术的局限性。[①]

---

① Rajasekaran A. S., Azees M., Al-Turjman F. "A comprehensive survey on blockchain technology," *Sustainable Energy Technologies and Assessments*, 2022 (52).

一个以区块链技术为设计逻辑的系统，无法同时实现去中心化、安全性和可扩展性，这被称为区块链技术的"不可能三角"。"去中心化"主要指的是参与该系统或体系的各方都具有平权特性，享有同等的公平权利进行验证和核实交易，权利也不会向某一方聚集，也不会出现寡头现象。"安全性"主要指避免系统遭受类似"拜占庭将军"攻击、网络攻击，保证数据的完整性和不可篡改性。"可扩展性"指系统或体系可以保证在网络规模、用户数量规模、交易量不断扩大的情况下，始终保持高效、合理的网络响应速度，并能够兼顾成本和效益。目前，较为成熟的区块链系统优先考虑去中心化、安全性，选择牺牲一部分可扩展性。因此，这些较为成熟的区块链系统的交易处理速度都难以令人满意。虽然随着智能合约的引入，相应问题有所缓解，但这并非最优的解决方案，离达到实时高频金融交易等业务场景的要求，仍有较大的差距。

简而言之，区块链技术的"不可能三角"问题将持续存在，这可以视为是制约区块链技术优势发挥的极限边界。

（四）降低对虚拟数字资产的信任度

虚拟数字资产在现实生活中的可用性非常有限，尤其是在我国目前是被全面禁止的。撇开监管因素，虚拟数字资产的使用也存在技术门槛高、操作复杂使非技术背景的普通用户望而却步等问题，又因其记账机制的特殊性，也常常需要等待较长时间才能确认交易。智能合约的编程和设计更是增加了使用难度和进入门槛，由于普通用户对这些操作和技术存在严重的信息不对称，为黑客及不可信的平台欺诈用户提供了广袤的运作空间，也带来大量潜在的安全风险。

由于安全问题和诈骗活动频发，虚拟数字资产的风险应被大众知晓。大众不应盲目投资虚拟数字资产，或参与涉及虚拟数字资产的投资项目。就全球范围来看，数字资产市场的安全问题和诈骗活动已给全球人民带来了巨大的现实损失和法律风险，各国和主要地区都在加大对虚拟数字资产风险防范的宣传，让大众降低对虚拟数字资产的收益率预期和信任度。

央行数字货币，作为法定数字货币，才是数字货币的"真身"。在短期内，央行数字货币与比特币这类数字资产之间的转换不会出现。因此私人收藏比特币这类虚拟数字资产虽然不违法，但要实现价值投资、价值变现极不现实，反而可能会给自己带来额外的负担和困扰，甚至将自己置身于法律风险之中。

（五）能源消耗与环保的拷问

比特币等虚拟数字资产由于采用 PoW 共识机制，导致必须存在"挖矿"环节，而"挖矿"过程犹如一台能耗巨兽，吞噬着大量的计算资源和电力，所需的能源消耗惊人，甚至超过一些国家的总量。这不仅对传统能源资源造成过度使用，还增加了碳排放和能源浪费，对环境保护和经济社会高质量发展带来不利影响。

"挖矿"过程本身及"挖矿"所涉及的技术都绝对不代表新型生产力、前沿信息科技，反而属于落后产能、落后工艺范畴。2021 年 5 月 18 日，互联网金融协会、银行业协会、支付清算协会联合发布了《关于防范虚拟货币交易炒作风险的公告》，要求会员机构不得开展虚拟货币交易兑换及其他相关金融业务，坚决抵制虚拟货币相关非法金融活动，不为虚拟货币交易提供账户和支付结算、宣传展示等服务。

二、数字货币的未来之旅

全球都在经历着百年未有之大变局的"大考"。如何发展出本国特色的数字货币与虚拟数字资产体系，以适应并匹配数字经济时代发展的步伐，是每个国家或地区经济体必须积极作答的题目，是"必答题"，而非"选择题"。

(一) 完善监管政策和法律法规

央行数字货币的实践与虚拟数字资产的技术发展，往往走在监管、规则与规划之前。与其匹配的经贸规则、监管要求，需要及时、及早跟上，具有时间紧迫性。也就是说，在全球经济高度不确定时代、全球金融资产监管存在灰色区域时代，谁能更快地拿出可行方案，谁就更容易获得实践优势，更具重塑未来科技标准的能力，掌握市场规则制定的主导权。因此，时不我待，我国需要做行动者、全球数字经贸与技术改革的先行者，继续加强与周边国家或地区建立适应区域经济、金融、社会发展的共识性监管框架，加强对数字货币发行、交易和使用等环节的监管、协同，确保国内与国外金融市场的稳定运行。此外，我们也需要认识到数字货币改革与虚拟数字资产市场的建设是一个高度复杂的系统性工程，这就更要切实坚持货币与金融改革的科学性、预见性、主动性、创造性，通过完善监管政策和法律法规，为数字经济与社会的健康发展提供有力保障。

(二) 加强底层技术创新

央行需避免与市场上的科技风向和潮流随波逐流，也要避免将所有新技术试图应用于货币（或传统资产）的探索，还应始终坚持"技术中性"的原则。

央行可以从以下三个方面开展工作：第一，持续加强自身科技实力，致力于成为技术领跑者、技术话语权主导者。继续加强区块链、加密技术和安全技术等方面的研究，在丰富货币或避险资产的数字化形态的同时，提高数字货币及数字型资产的系统性和安全性。第二，深入研判人工智能生成式大模型技术的兴起对金融业务的影响，以及由于生成式大模型的兴起带来的巨大算力需求的影响。因为巨大的算力背后，需要有超大规模的、高性能人工智能芯片（GPU）集群作为支持。这将导致现有以 CPU 为主导的同构式网络计算架构向以"GPU + CPU"的异构式网络架构的嬗变。这种嬗变带来的结果是使传统链表式计算模式转向图结构模式，将改变现有金融 IT 架构，而金融 IT 架构的变化也将影响现有数字货币技术架构。第三，及早布局金融领域的量子计算人才储备，深度研判量子技术与央行数字货币之间的影响关系。

（三）平衡好央行数字货币的"不可能三角"

央行如果试图采用货币的数字新形态，并与数字经济的发展水平相匹配，则须认识到：在数字经济时代，尤其是货币数字化形态逐步成为主力时，央行货币政策的有效性、金融的稳定性及支付的便利性三个指标维度存在"不可能三角"。即央行不大可能同时实现以上三个指标，仅能通过牺牲其中一个，从而强化另外两个。这就要求央行在面对复杂多变的全球经济背景下，采用更高超的政策制定手段，权衡利弊和风险。破局数字货币"不可能三角"的有效策略是围绕监管、技术、场景

"三位一体"的模式，推进央行数字货币进程，即监管需要有可操作性，技术要能为监管场景赋能（如提高异常交易的识别率和准确率，提供更高效打击金融犯罪的手段），并且要有前瞻性（如考虑量子技术的发展），同时监管和技术在融合过程中一定要避免空转（如投入大量经费购置一套软硬件系统，但使用者却寥寥无几）。一定要落地具体场景，解决经济社会发展中的痛点、堵点和难点，其中相关场景包括（但不限于）：考虑商业银行等金融机构该如何参与央行数字货币项目；央行如何用数字技术向金融消费者提供更多公平信贷，持续推进普惠金融；央行如何利用数字货币、RWA及智能合约等手段和技术助力实体经济和微观主体发展。

（四）强化跨境合作与互联互通

开放，一直是我国在新时代发展的重要基本国策之一，也是中国式现代化的鲜明标识。数字人民币的发展需持续保持开放、合作、共赢的理念，积极探索与其他国家或地区的货币当局保持密切合作，共同推进央行数字货币的国际应用和互联互通。此外，我国发展数字货币的一大优势是：将香港作为数字货币试验的桥头堡、先行先试试验区，借助香港的数字货币桥机制、Web3.0试验场的优势，积极探索，以香港为节点，辐射东南亚及"一带一路"沿线国家和地区，逐步建立起围绕数字人民币的多国数字货币与数字资产支付交易网络。在实践中形成基于分布式计算、隐私计算、区块链技术、人工智能、元宇宙、Web3.0等新兴技术驱动的区域数字经济合作新模式、新共识，逐步孕育中国版本的数字经贸新规则，在促进经济发展、跨区域技术交流合作的过程中，不断探索和提出具有中国智慧的数字经贸解决方案，助力提升当地国际贸易、投资便利化水平，共享数字经济增长红利。

（五）央行数字货币的广阔前景

央行数字货币正逐步成为数字经济时代货币的新形态，数字货币的价值和内涵，可弥补传统货币体系的局限，并为新兴技术提供"试验田"，使我们不得不始终关注它的存在和影响。

第一，从支付角度分析，央行数字货币会逐渐取代传统现金支付，成为主流支付方式。随着 Web3.0、元宇宙、人工智能的推波助澜，人们的数字化生活和生产水平还会持续提高，对数字化生活方式的接受度也将持续提高，央行数字货币的普及率、使用率会进一步提升，为我们带来更便捷、高效、安全的支付体验。

第二，央行数字货币将促进金融包容和普惠金融的发展。央行数字货币会降低金融服务的门槛和成本，进而使更多人群获得金融信贷的机会，并且能以较低的成本获得资金。原则上而言，这将有助于缩小贫富差距，促进社会的公平和和谐发展，推动经济的包容性增长。

第三，央行数字货币将推动金融领域的创新和变革。通过数字货币的引入，因为央行数字货币可更好地统计 M0，具有溯源性等优势，具有"去中介化"属性，这就要求商业银行等金融机构需加快数字化转型步伐，在数字经济时代找准自身定位，成为积极推动金融科技创新的发起者、经营模式变革的改革者。央行持续推动央行数字货币桥机制、RWA 创新，一定会优先选择科技实力强的金融机构作为试点单位和长期合作伙伴。简而言之，这将有助于提升金融机构的服务质量和效率，金融机构能够有足够的主观能动性，在持续提升客户金融资产与隐私安全的基础上，为客户提供更加个性化、便捷化、普惠的金融服务。

当然，央行数字货币的发展一定离不开全球与区域治理合作，需要各国政府或地区合作组织在线下（物理世界）与线上（数字赛博世界）积极参与，不断完善相关法律法规、技术标准、合作倡议、经贸规则等。货币的数字化转型之路充满机遇和挑战，需要政府、企业、高校与科研院所、国际组织、民间机构、行业协会和社会各阶层的通力合作，共同努力，持续推进，久久为功。数字货币的发展虽有挑战，但更多的是机遇。让我们携手共进，迎接数字货币的美好未来！